Stefan Klompmaker · Felix Lager · Björn Bourdon · Mirco Imlau

1.000 Laser-Hacks für MAKER

INTERFEROMETER

zum Selberbauen

aufbauen · verstehen · forschen

Wichtiger Hinweis für den Benutzer

Die Informationen in diesem Buch wurden mit größter Sorgfalt erarbeitet. Dennoch können Fehler nicht vollständig ausgeschlossen werden. Verlag und Autoren übernehmen keine juristische Verantwortung oder irgendeine Haftung für eventuell verbliebene Fehler und deren Folgen. Alle Warennamen werden ohne Gewährleistung der freien Verwendbarkeit benutzt und sind möglicherweise eingetragene Warenzeichen. Der Verlag richtet sich im Wesentlichen nach den Schreibweisen der Hersteller.

LEGO® ist eine Marke der LEGO Gruppe, durch die das vorliegende Schriftstück jedoch weder gesponsert noch autorisiert oder unterstützt wird.

Die in diesem Buch vorgestellten Bauanleitungen wurden mit Open-Source-Software LDraw erstellt. Weitere Informationen unter ldraw.org.

fischertechnik® ist eine Marke der fischerwerke GmbH & Co. KG, durch die das vorliegende Schriftstück jedoch weder gesponsert noch autorisiert oder unterstützt wird.

Kommentare und Fragen können Sie gerne an uns richten:
Bombini Verlags GmbH
Kaiserstraße 235
53113 Bonn
E-Mail: service@bombini-verlag.de

Bibliografische Information Der Deutschen Nationalbibliothek

Die Deutsche Nationalbibliothek verzeichnet diese Publikation in der Deutschen Nationalbibliografie; detaillierte bibliografische Daten sind im Internet über http://dnb.d-nb.de abrufbar.

Umschlaggestaltung & Satz: Anita Tiedtke und Anke Schmitter, Kommunikation & Marketing, Universität Osnabrück

Belichtung, Druck und buchbinderische Verarbeitung: Mediaprint Solutions, Paderborn (www.mediaprint.de)

ISBN 978-3-946496-09-0

Dieses Buch ist auf 100% chlorfrei gebleichtem Papier gedruckt.

Inhalt

Gebrauchsanweisung statt Vorwort

Willkommen zu unserer Buchreihe »1.000 Laser-Hacks für MAKER«, in der wir dir an ausgesuchten, spannenden Experimenten zeigen, wie sich aktuelle Themen aus Photonik-Industrie und Photonik-Forschung in die MAKER-Welt übersetzen lassen. Das »Selbermachen« steht in allen Büchern im Mittelpunkt: Es handelt sich um detaillierte und umfassend bebilderte Aufbauanleitungen, mit denen du die gezeigten Experimente zu Hause nachbauen kannst.

Die wichtigsten Werkzeuge der Bücher sind Bauanleitungen anlehnend an dir bekannte LEGO®-Anleitungen, unsere (liebevoll genannten) »Laser-Hacks«, die »Info-Boxen« und unsere Webseite »https://www.1000laserhacks.de«. Ziel ist, dass du am Ende ein komplexes laseroptisches Experiment in den Händen hältst. Du wirst verstehen, wie du deine eigenen Laser-Experimente und Ideen umsetzen kannst. Vielleicht gelingt es dir sogar unsere Aufbauvorschläge noch besser zu machen?

Laser-Hacks

Jedes Buch ist aufgeteilt in Laser-Hacks, welche gleichzeitig das Inhaltsverzeichnis darstellen. Laser-Hacks zeigen dir in kleinen und großen Schritten, wie es uns auf meist ungewöhnliche Weise gelungen ist, die komplexen Laserexperimente mit MAKER-Werkzeugen zu realisieren. Ein Laser-Hack kann dabei etwas Einfaches sein, wie z.B. das Befestigen eines Spiegels an einer Schraube. Oder etwas Schwierigeres, wie z.B. die Justage eines empfindlichen laseroptischen Experiments. Ein Laser-Hack enthält eine Bau– und/oder Justageanleitung für eine einzelne Komponente oder für ein ganzes Experiment. Die Abfolge der Laser-Hacks ist eindeutig: Zuerst werden Komponenten aufgebaut und anschließend ein Experiment durchgeführt. Für jeden Laser-Hack haben wir einen Schwierigkeitsgrad, kenntlich durch das nebenstehende Hantel-Symbol, sowie eine Dauer (Symbol der Stoppuhr) abgeschätzt und in ein einfaches Punktesystem übertragen. Die Punkte 1-3 entsprechen dabei: leicht-mittel-schwer bzw. kurz-mittel-lang.

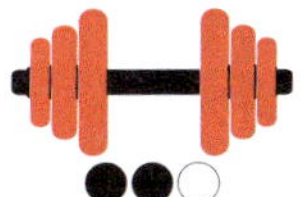

Wenn du Komponenten aus dem Band »HOLOGRAMME zum Selbermachen« verwenden kannst, wird dies durch den nebenstehenden blauen Punkt gekennzeichnet. Beachte aber die Info-Boxen zu Beginn des jeweiligen Laser-Hacks.

Info-Boxen

In jedem Laser-Hack machen wir dich mit Info-Boxen auf physikalisch besondere Aspekte, die in direktem Zusammenhang mit dem Bauschritt stehen, aufmerksam. Es gibt kleine Info-Boxen an den Rändern, welche sich auf Basiswissen bzw. Begrifflichkeiten beziehen, und große Info-Boxen im Fließtext, welche eine Mischung aus Basiswissen und fortgeschrittenem Wissen thematisieren. Für die weiterführende Lektüre haben wir innerhalb der Info-Boxen Hinweise auf Fachbücher/-webseiten eingefügt. Entscheide einfach selbst, welche Info-Boxen du lesen möchtest. Wissen, welches für das Verständnis der Experimente benötigt wird, sind mit einem Doktorhut gekennzeichnet. Letztlich findest du auch gelb hinterlegte Boxen, die Warnhinweise für den Laser-Hack beinhalten und du daher unbedingt lesen solltest. Alle Info-Boxen sind so platziert, dass Information dann geliefert wird, wenn du sie benötigst.

Webseite

www.1000laserhacks.de
Ein Blick lohnt sich!

Ergänzend zu dieser Buchreihe haben wir eine Webseite eingerichtet (siehe QR-Code). Diese Webseite soll dir bei der Bestellung der Bauteile für die Laser-Hacks, beim Aufbau, bei der Justage und weiterführendem Fachwissen helfen. So findest du hier bspw. die in diesem Buch aufgeführten Bauteillisten, Baupläne und 3D-Druckdateien in elektronischer Form oder Links zu Internet-Shops, bei denen wir die hier dargestellten Komponenten erworben haben.

Vorwort des Erstautors

Als Erstautor des Buchs »Interferometer zum Selberbauen« möchte ich mich bei dir kurz vorstellen: Ich bin wissenschaftlicher Mitarbeiter an der Universität Osnabrück im Fachbereich Physik und habe Physik und Mathematik auf Lehramt studiert. Meine Bachelor- und Masterarbeit entstanden in der Forschungsgruppe »Ultrakurzzeitphysik« von Prof. Dr. Mirco Imlau im Bereich der Nachwuchsförderung im Spannungsfeld zwischen Photonikforschung und MAKER-Bewegung. Die Lehrmedien meiner Wahl waren schon immer Baukastensysteme, wie z.B. das LEGO®-System, oder klassische MAKER-Werkzeuge, wie bspw. die 3D-Drucktechnik. Dieses Buch stellt somit eine Zusammenfassung meiner wichtigsten Errungenschaften der letzten drei Jahre dar, in denen ich mich besonders für die Interferometrie interessiert habe.

Osnabrück, im Frühjahr 2019 *Stefan Klompmaker*

Einleitung

Interferometer zählen zu den wichtigsten optischen Messinstrumenten der High-Tech-Industrie und werden insbesondere bei der Vermessung von kleinsten Längenänderungen und Deformationen von Bauteilen eingesetzt. Die Präzision von Interferometern ist derart herausragend, dass sie in der modernen Forschung zur Detektion von Gravitationswellen eingesetzt werden. Es ist nachvollziehbar, dass Interferometer mit sehr teuren optischen, optomechanischen Komponenten und Laserquellen aufgebaut werden. Ein Nachbau zu Hause scheint daher vollkommen ausgeschlossen. Wirklich? Oder kann es nicht doch gelingen, Interferometer mit geringem Kosten- und Arbeitsaufwand nachzubauen?

Ich habe mich dieser Frage in den letzten Jahren sehr intensiv gewidmet und den Ansatz gewählt, Interferometer mit Hilfe von Werkzeugen der MAKER-Bewegung nachzubauen. Das Ergebnis dieser Idee liegt in Form einer umfassend bebilderten Bauanleitung vor dir! Wenn du also schon immer dein eigenes Interferometer aufbauen wolltest oder zumindest wissen wolltest, was ein Interferometer ist, warum es derart präzise Längenänderungen messen kann und was man damit (noch) alles machen kann, ist dieses Buch genau das Richtige für dich! Egal, ob du SchülerIn, LehrerIn, ForscherIn oder einfach ein interessierter MAKER bist: Ich zeige dir auf den kommenden Seiten, wie du das historische Michelson-Interferometer und ein Mach-Zehnder-Interferometer mit einem Laserpointer, einfachen Optiken und LEGO®-Bausteinen aufbauen und sogar spannende Experimente damit durchführen kannst. Dabei lernst du spielerisch die wichtigsten physikalischen Aspekte und die Funktionsweise von Interferometern kennen. Es gibt noch ein paar weitere Vorteile, wie bspw.:

- Geringer Kostenaufwand (weniger als 200€)
- Hohe Erfolgswahrscheinlichkeit
- Schnelles und unkompliziertes Auf– und Umbauen
- Gute Stabilität
- Viel Begleitmaterial unter www.1000laserhacks.de

Was musst du tun? Ich empfehle dir zunächst den Aufbau des Michelson-Interferometers entlang der Laser-Hacks 1-10. Hiermit lernst du viele Basisinformationen zu den Komponenten, deren Funktion und zur Interferometrie im Allgemeinen. Vor allem die Justage des Interferometers wird eine neue Erfahrung für dich sein. Die Erweiterungen zum Mach-Zehnder-Interferometer und weiter zur Anwendung des Quantenradierers (Laser-Hacks 11-15) sind dann ein Kinderspiel und verlangen nur noch wenige zusätzliche Schritte und Komponenten.

Hilfreich ist es, wenn du alle Bauteile, die zu den Experimenten gehören (also bspw. zu den Laser-Hacks 1-10) als erstes bestellst. Vielleicht hast du das ein oder andere auch bereits zu Hause rumliegen?

Sobald du alles zusammengetragen hast, kann es auch direkt losgehen. Mehr als einen leeren Tisch, dieses Buch und ein Tablet oder Smartphone wirst du nicht mehr benötigen. Wenn du das erste Mal mit einem Interferometer arbeitest, solltest du dir einen ruhigen Arbeitsplatz aussuchen – dein Interferometer reagiert sehr empfindlich auf Umgebungsgeräusche und Luftzüge. Wenn du mal nicht weiterkommst, kannst du unsere Webseite zur Hilfe nehmen. Dort findest du die Rubrik »frequently asked questions« (FAQ) und Begleitvideos – meist bist du nicht der Erste mit deiner Frage. Fehlt dir ein Bauteil? Findest du eine bessere Lösung für den Aufbau? Trau dich ruhig und probiere eigene Wege aus! Wenn du etwas Besonderes herausgefunden hast, freue ich mich natürlich sehr auf deinen Eintrag in unserem Gästebuch.

Ich wünsche dir nun viel Spaß beim Aufbauen, Verstehen und Forschen!

Michelson-Interferometer

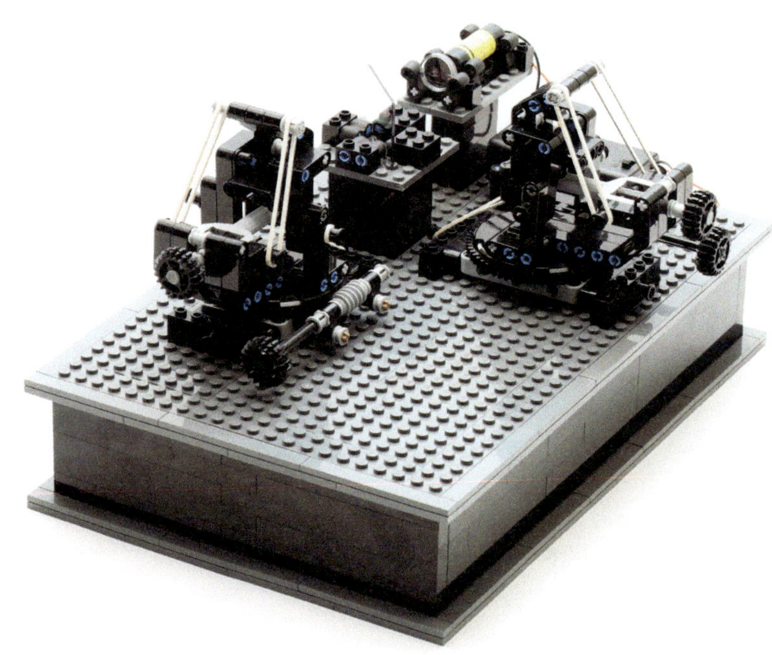

Abbildung 1:
Foto des fertigen Michelson-Interferometers mit Laserdiode, Optiken und LEGO®-Bausteinen

$$1\,\mathrm{nm} = \frac{1}{1.000.000}\,\mathrm{mm}$$

Das Michelson-Interferometer basiert auf einer Idee von Albert A. Michelson aus dem Jahr 1881 und spielte historisch gesehen eine besondere Rolle im Kontext der Äther-Theorie. Heute wird es zur hochpräzisen Erfassung relativer Weglängenänderungen mit einer Genauigkeit im Bereich unterhalb von 100 nm, zur Wellenlängenbestimmung, zur Bestimmung des Brechungsindexes von Gasen und in der Spektroskopie eingesetzt.

In einem Interferometer werden zwei Laserstrahlen derart überlagert, dass Interferenz entsteht. Auf einem Beobachtungsschirm kann dann ein Interferenzmuster beobachtet werden, wie es im Foto unten abgebildet ist und mit unserem Interferometer erzeugt wird. Charakteristisch ist ein Lichtmuster aus hellen und dunklen Ringen.

Mehr zum Thema Interferenz gibt es ab Seite 77!

Um ein solches Interferenzmuster zu erhalten, brauchst du eine kohärente Lichtquelle (Laser), zwei Spiegel mit präzisen Einstellmöglichkeiten, einen Strahlteiler, einen mechanisch festen Unterbau sowie eine insgesamt mechanisch stabile Gesamtkonstruktion. Im ersten Laser-Hack dieses Buches beginnen wir mit dem Aufbau des Unterbaus, des sogenannten Breadboards.

Abbildung 2: *Beobachtungsschirm meines Michelson-Interferometers; auf der weißen Fläche ist das ringförmige Interferenzmuster sehr gut erkennbar.*

Laser-Hack 1: Breadboard bauen

Abbildung 3:
Foto des optischen Breadboards aus LEGO®-Bausteinen

Für diesen Laser-Hack benötigst du die LEGO®-Bausteine, die in der folgenden Tabelle aufgelistet sind. Aufgeführt sind die Artikelnummern der Firma LEGO® System A/S, Dänemark. Eine Alternative für den Aufbau eines Unterbaus findest du auf Seite 122.

LEGO® Einzelteile können einfach unter www.bricklink.com bestellt werden.

Bricklink ist eine Suchmaschine für LEGO®-Bausteine. Damit findest du viele Shops mit unterschiedlichen Angeboten an Einzelteilen.

Anzahl	Bausteinname	Art.-Nr.	Farbe
12	Brick 1x3	3622	Black
6	Brick 1x6	3009	Black
27	Brick 1x8	3008	Black
18	Brick 1x10	6111	Black
68	Brick 1x12	6112	Black
8	Plate 2x8	3034	Dark Bluish Gray
12	Plate 2x12	2445	Dark Bluish Gray
18	Plate 6x6	3958	Dark Bluish Gray
30	Plate 6x12	3028	Dark Bluish Gray
12	Tile 1x6	6636	Dark Bluish Gray
20	Tile 1x8	4162	Dark Bluish Gray

Wieso nehme ich nicht eine einfache Grundplatte?

Für das Interferometer ist ein fester Unterbau unbedingt erforderlich, da die Interferenzbedingung – und damit die Stabilität des Interferenzmusters – äußerst anfällig für jegliche Art von mechanischen Vibrationen ist. Im professionellen Bereich werden hierzu häufig große, schwere Steinplatten aus Granit verwendet. Die folgende Aufbauanleitung zeigt dir meine Variante, die ich vollständig aus LEGO®-Bausteinen aufgebaut habe. Für das Erreichen einer möglichst hohen mechanischen Stabilität habe ich mich bei der Konstruktion an dem mechanischen Aufbau kommerzieller Grundplatten für professionelle optische Aufbauten aus Stahl orientiert. Diese werden »optische Breadboards« genannt, haben eine Ober- und Unterplatte und sind durch eine innere Konstruktion in Form einer Bienenwabenstruktur charakterisiert. Hierdurch sind Breadboards deutlich leichter als Granitplatten und dennoch mechanisch äußerst stabil.

Ein optisches Breadboard ist nicht einfach nur eine Grundplatte zum Aufbau von optischen Experimenten. Es ist durch die besondere Bauweise sehr stabil, verhält sich annähernd wie ein starrer Körper und zeigt herausragende Dämpfungseigenschaften gegenüber Schwingungen bei möglichst geringem Materialeinsatz.

Die folgende Aufbauanleitung für das Breadboard habe ich mit der Open-Source-Software LDraw erstellt. Die Darstellung lehnt eng an die professionellen Anleitungen von LEGO® System A/S an. Da wir meist nur graue und schwarze Steine verwenden und diese in einer Bauanleitung schwerer voneinander zu unterscheiden sind, sind die vorangegangenen Bauschritte in weißer Farbe dargestellt.

Mit der Open-Source-Software LDraw kannst du auch eigene Anleitungen zu Aufbauten mit LEGO®-Bausteinen erstellen. Probier‘ mal!

1
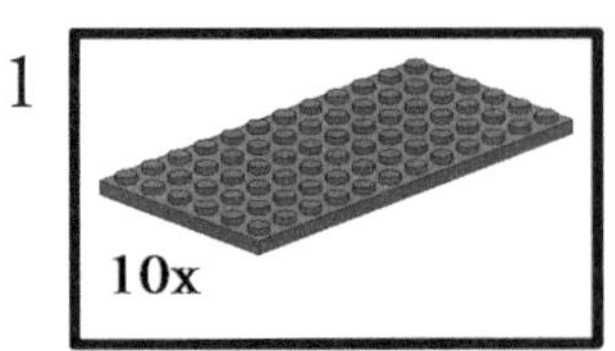

2
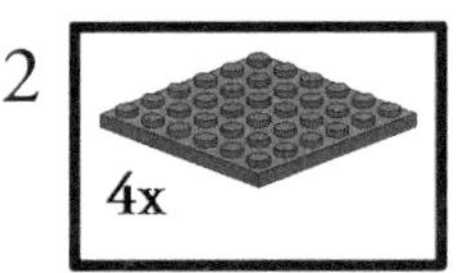

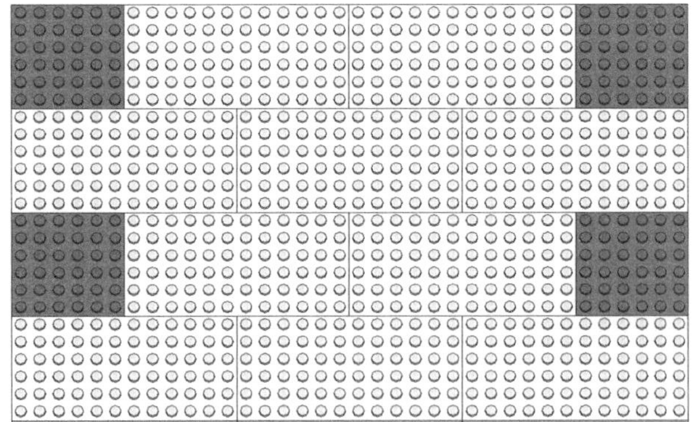

3

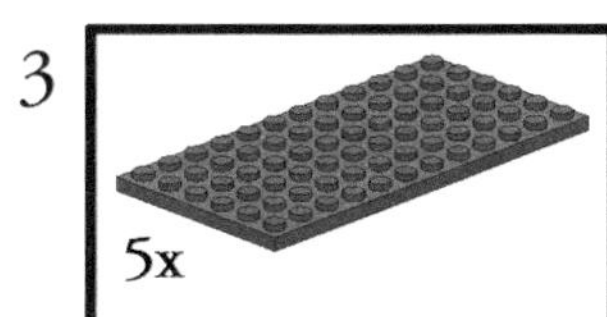

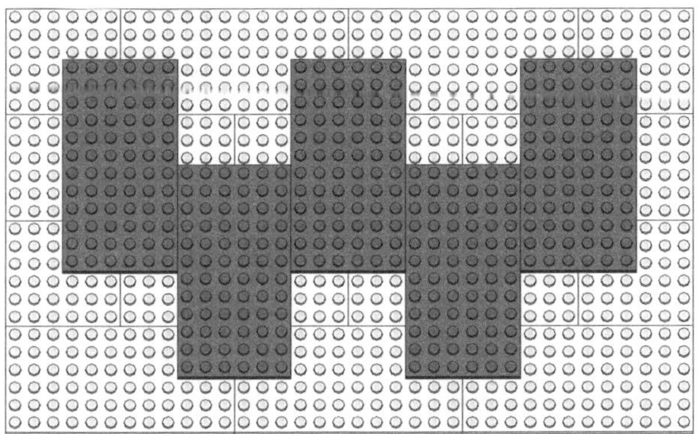

4

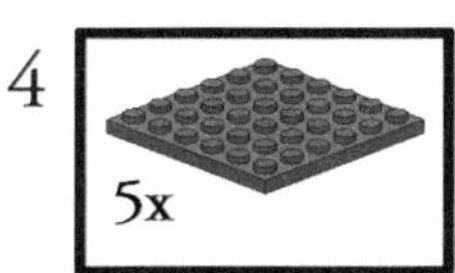

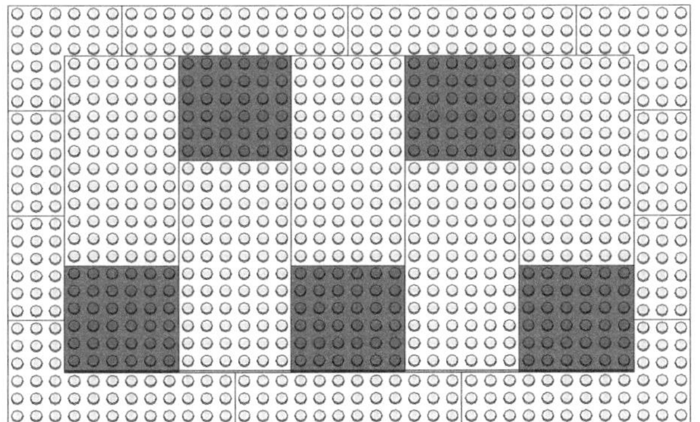

5

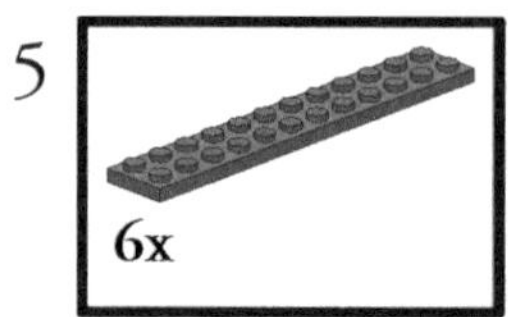

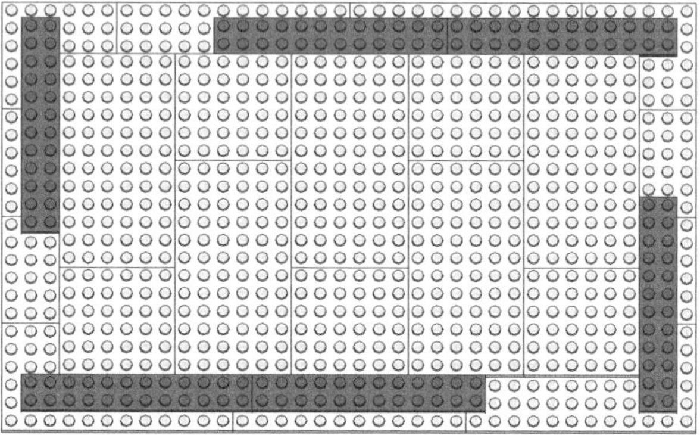

6

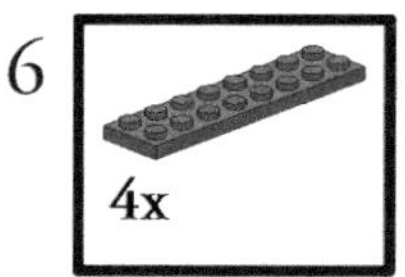

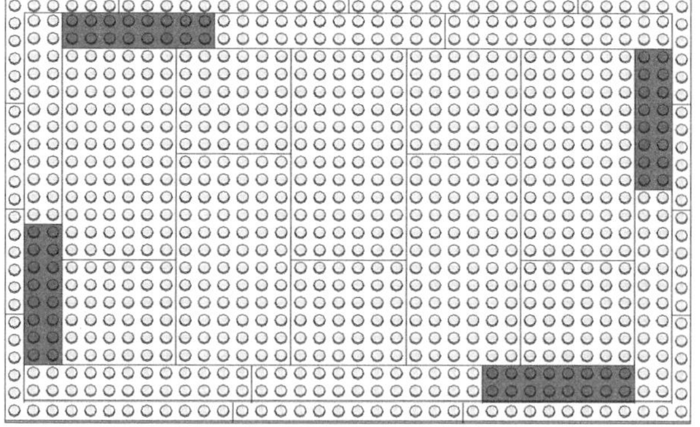

7
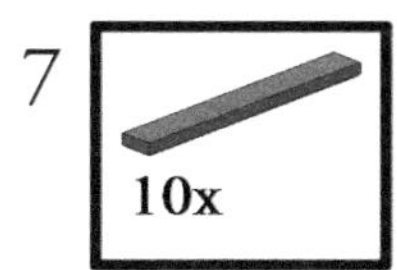

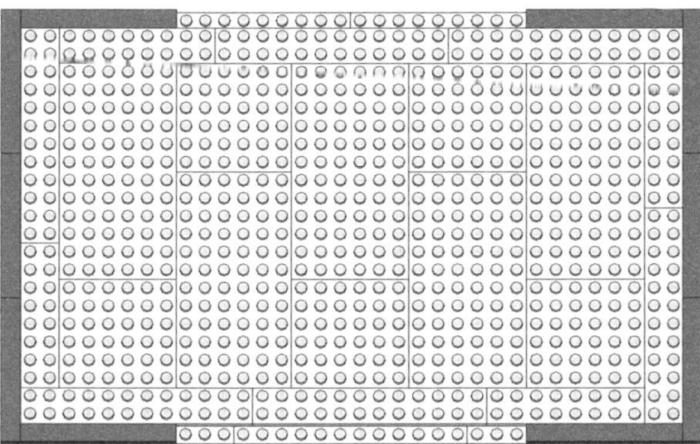

8
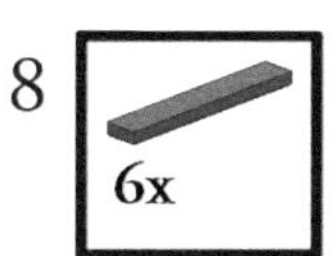

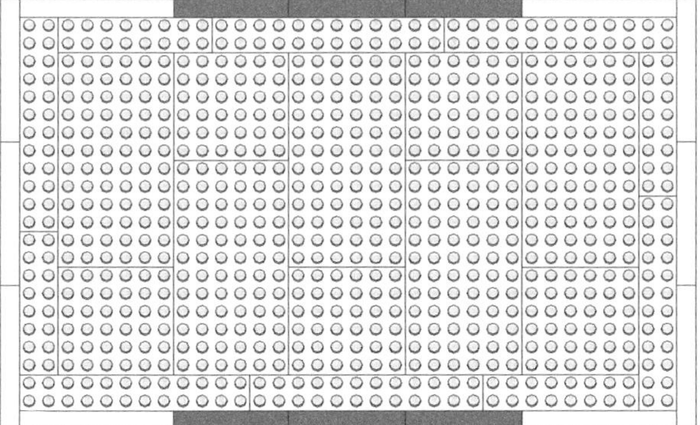

Für die Schritte 9 - 20 habe ich aus Gründen der Sichtbarkeit in der Bauanleitung die schwarzen Steine dunkel grau dargestellt.

9

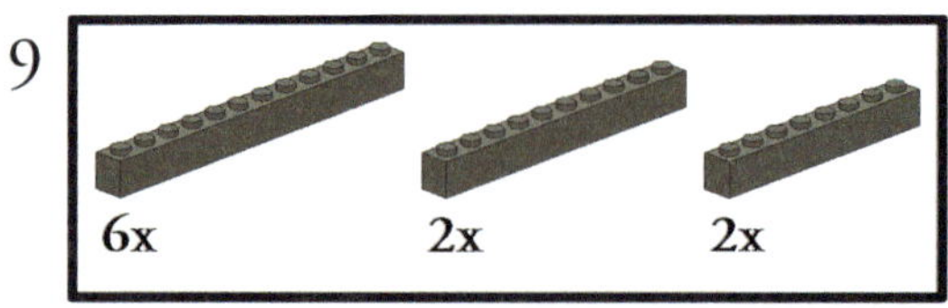

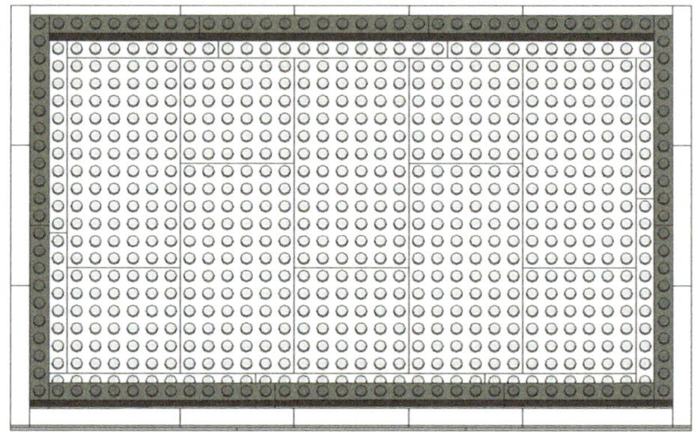

10

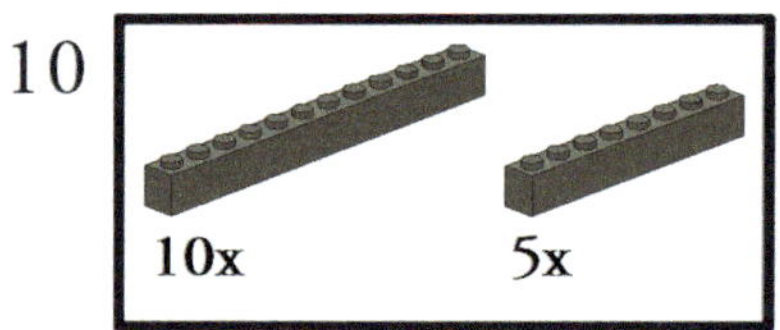

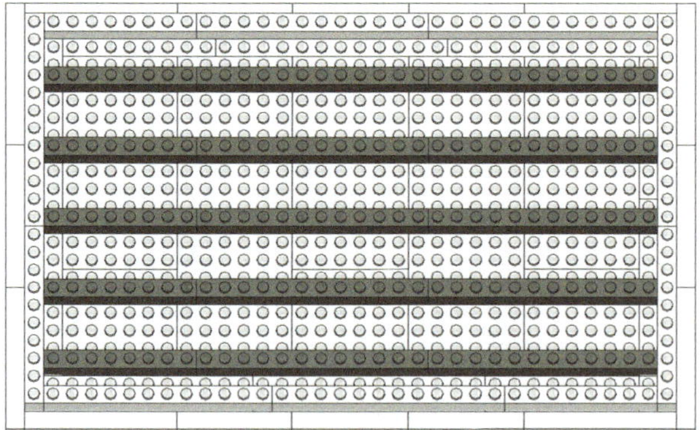

11
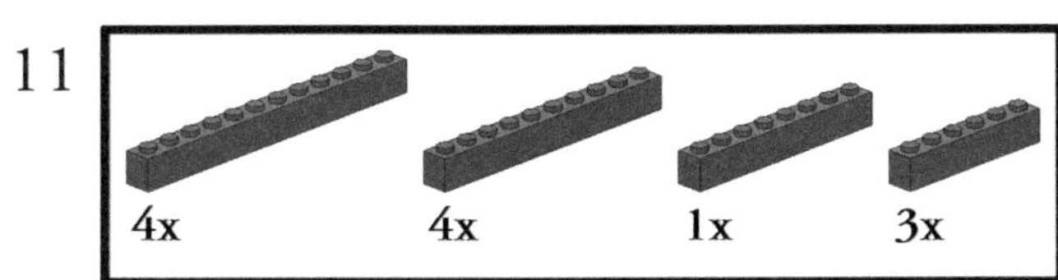

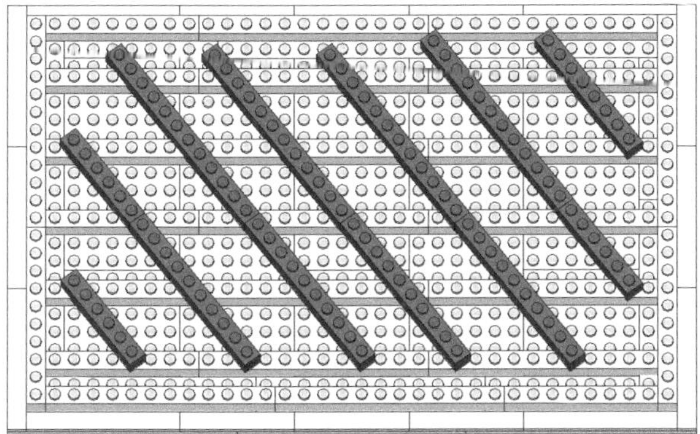

12

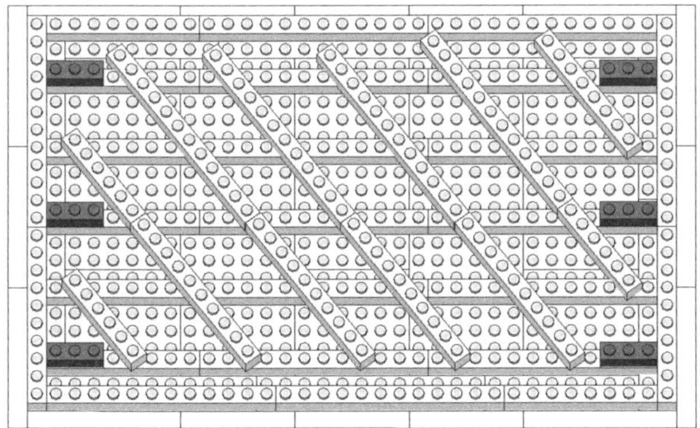

13

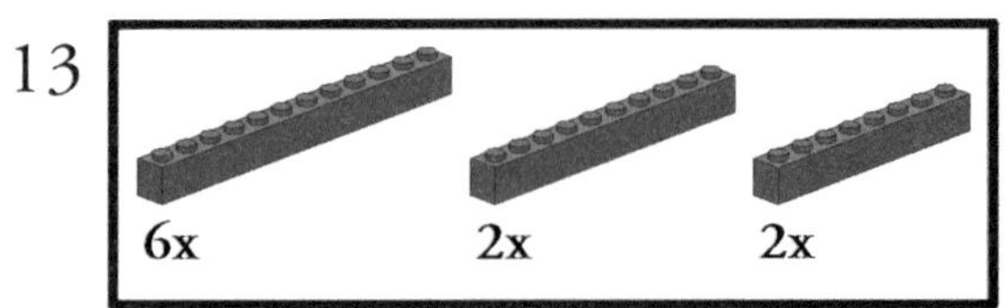

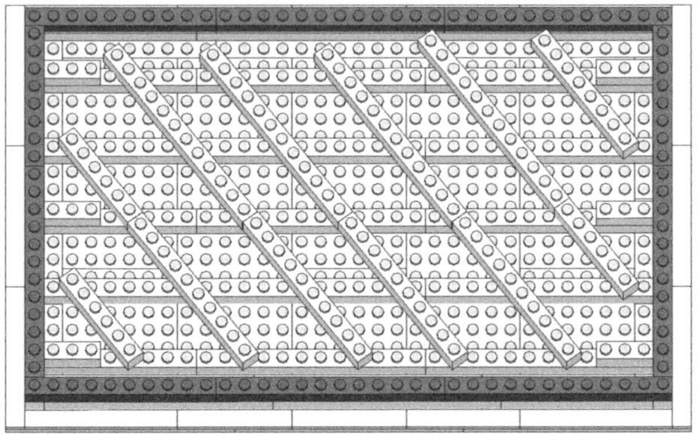

14

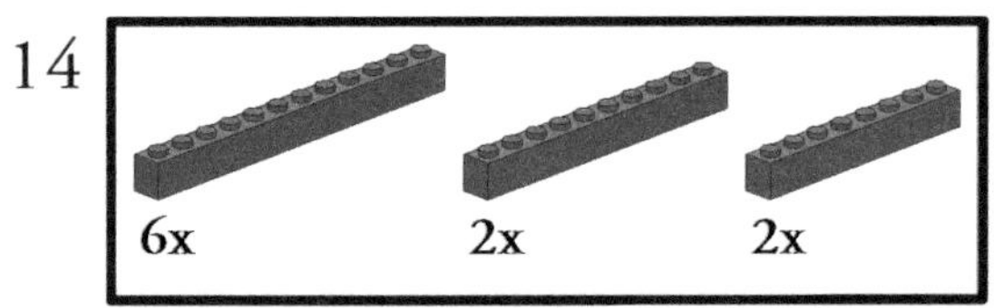

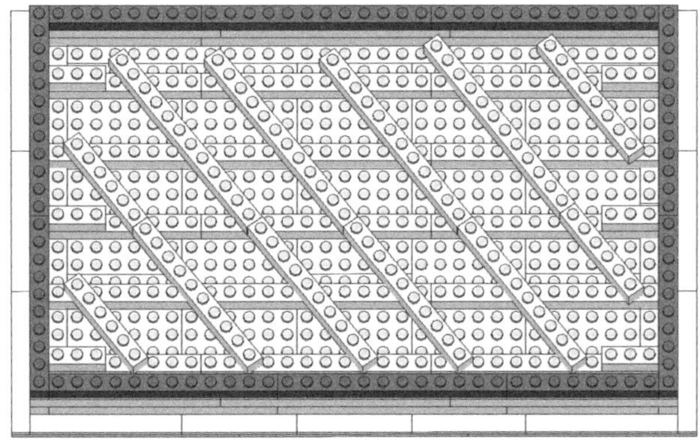

15

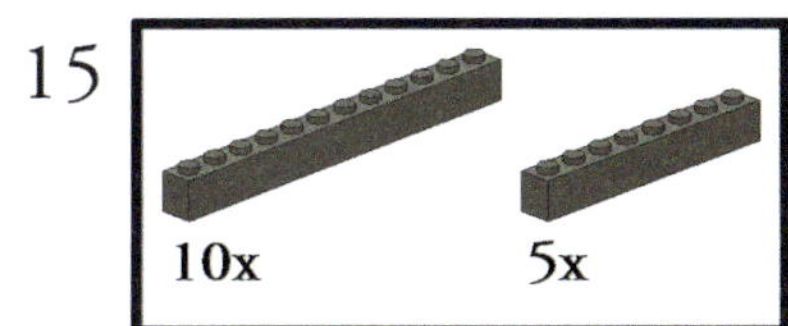

16

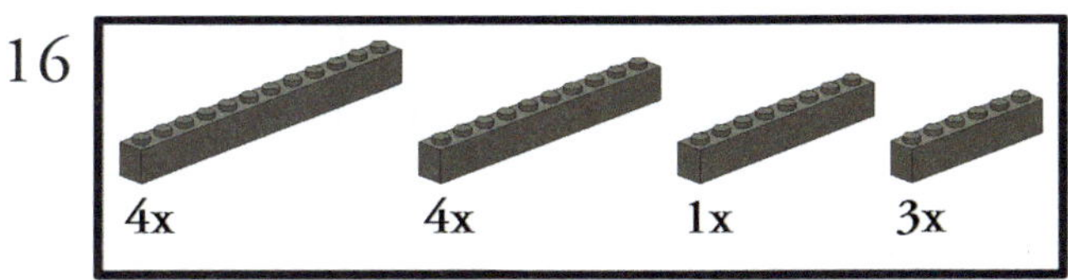

Ab diesem Schritt ist die Wabenstruktur erkennbar, die dem Breadboard die hohe Stabilität und seine Dämpfungseigenschaften verleiht.

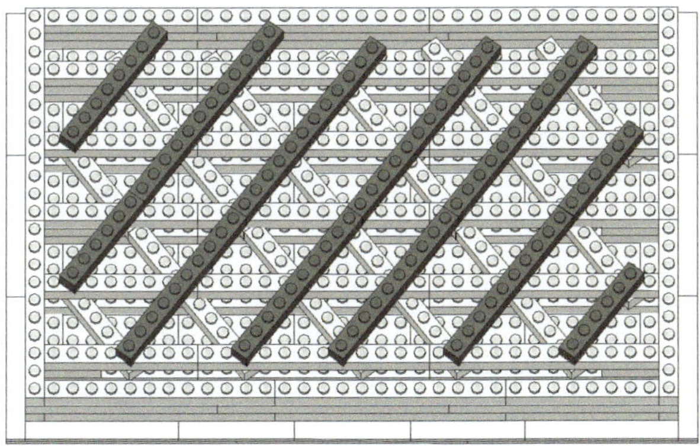

17
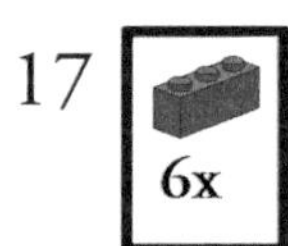

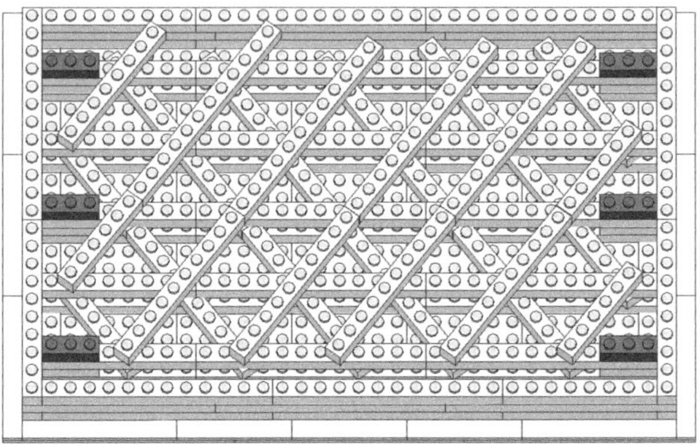

18
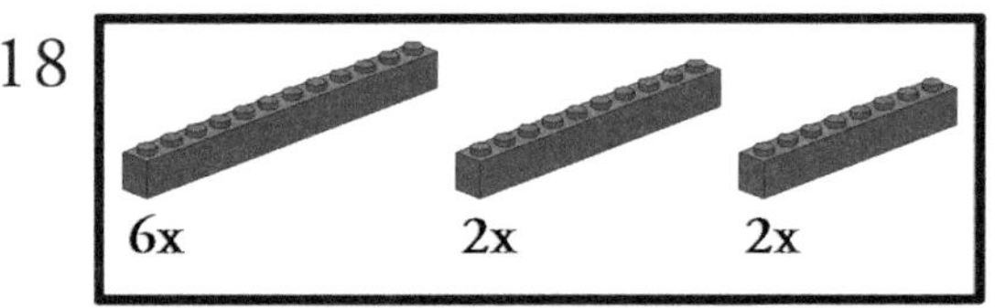

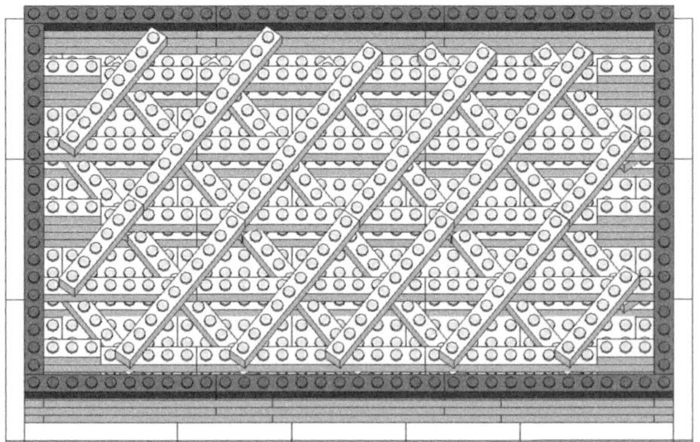

19

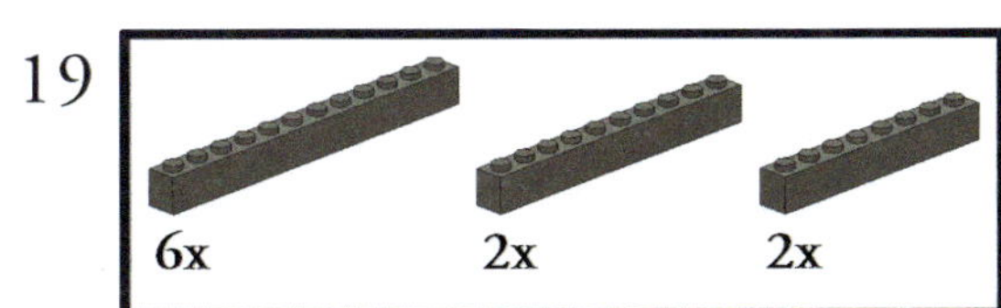

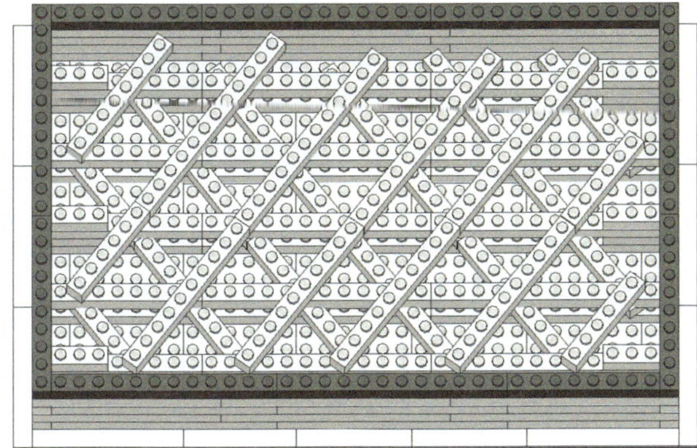

20

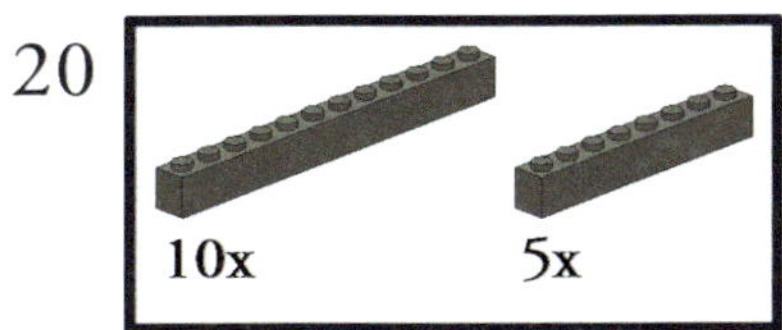

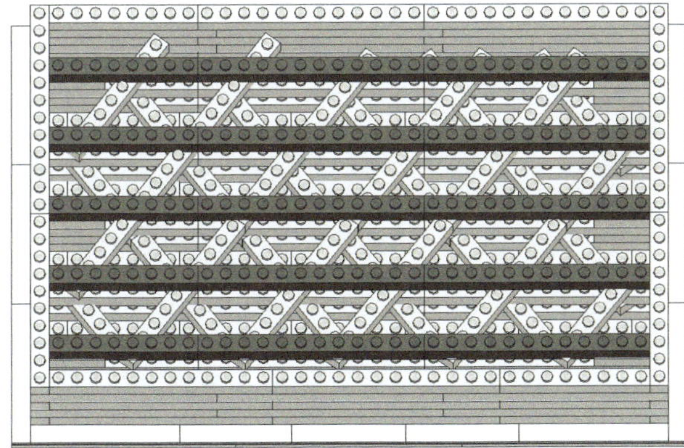

Die Bienenwaben-struktur ist nun fertig.

Wenn du mehr über die Bienenwaben-struktur und seine Eigenschaften erfahren möchtest, empfehle ich einen Blick in die Referenz (Newport Corporation, 2018).

Abbildung 4:
Bienenwabenstruktur des Breadboards

21

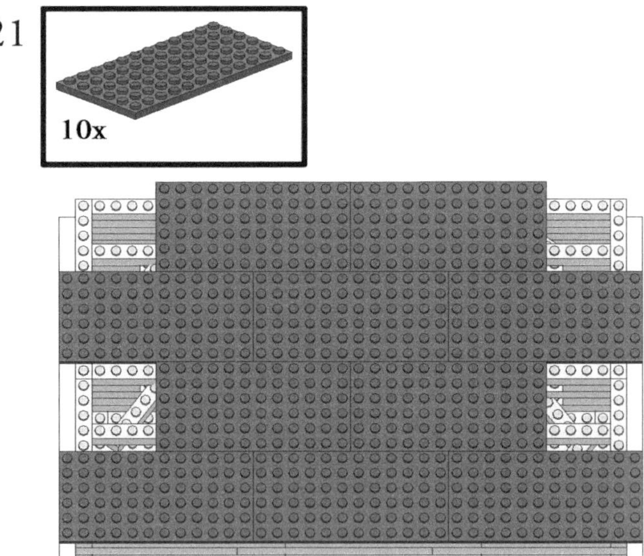

22

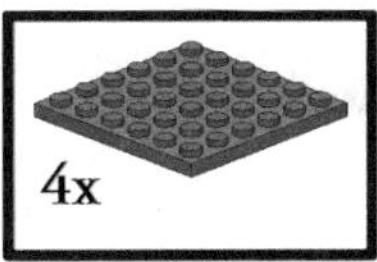

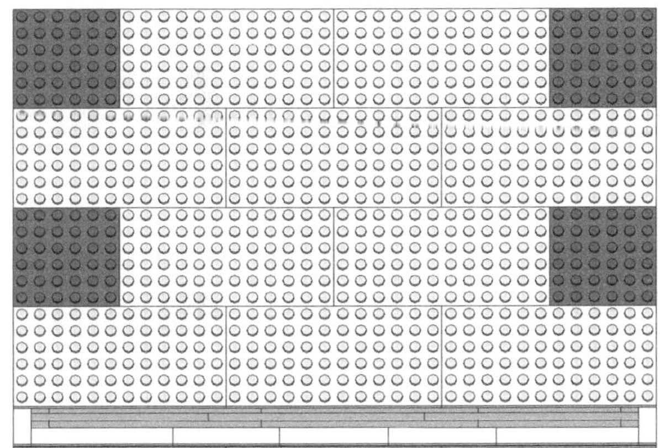

23

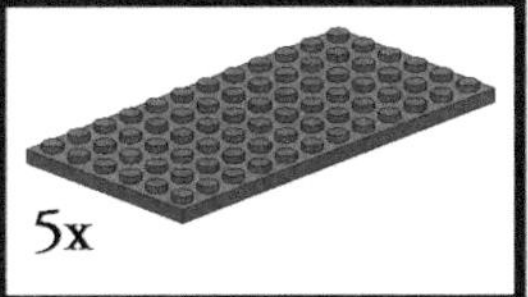

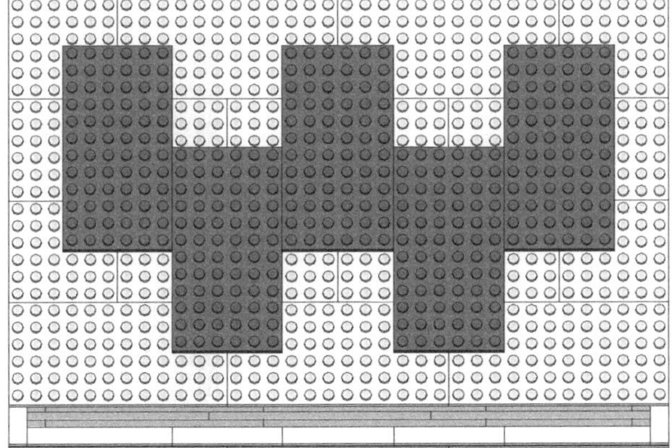

24

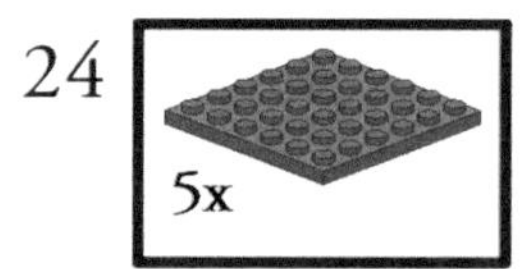

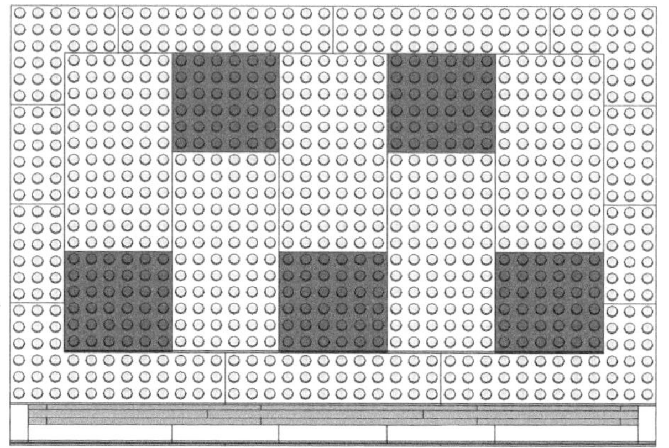

25

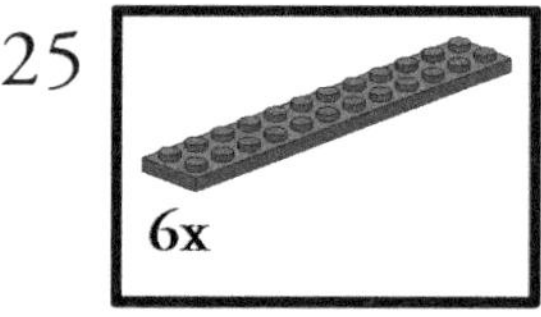

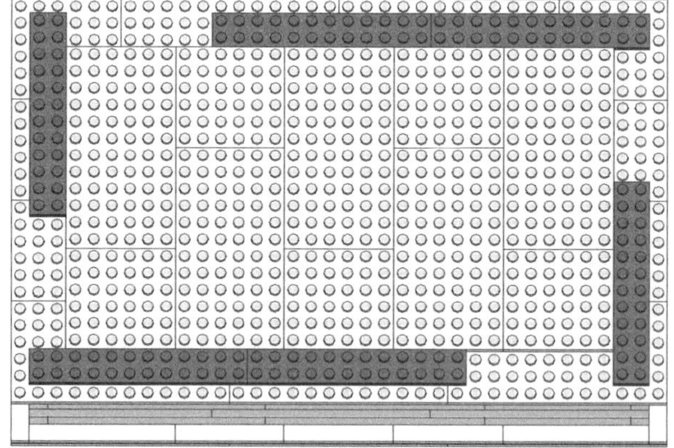

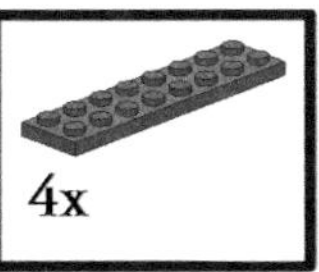

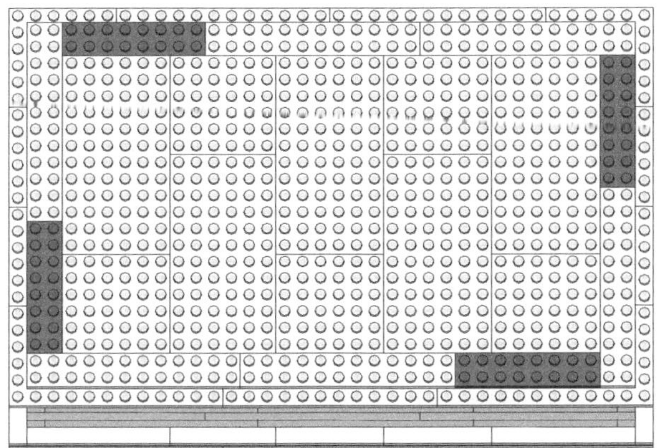

27

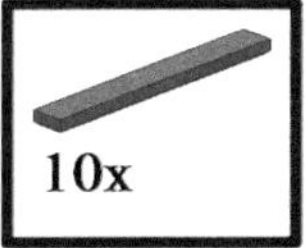

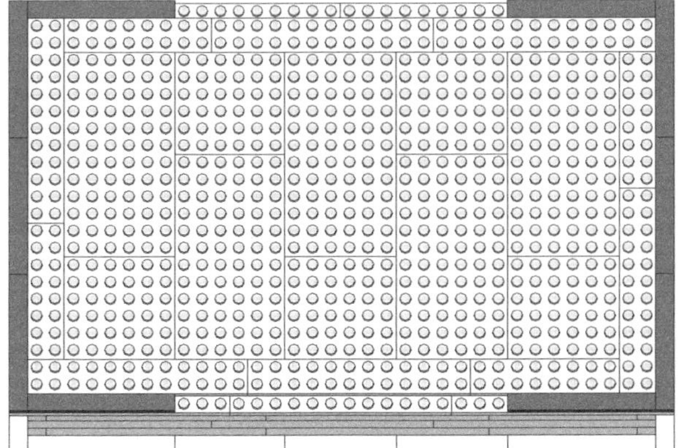

28

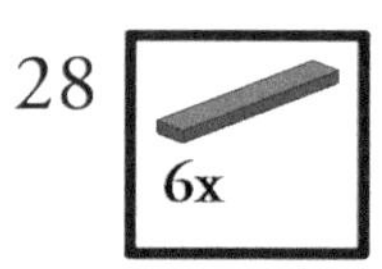

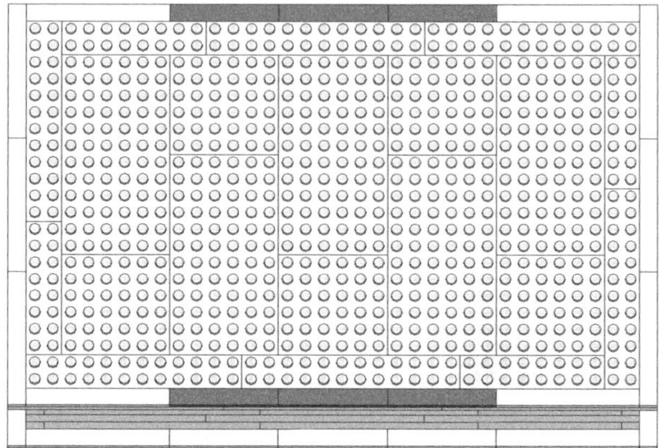

Herzlichen Glückwunsch! Deinen ersten Laser-Hack hast du erfolgreich gemeistert! Dein Breadboard ist fertig!

Um die Stabilität deines Breadboards zu testen, kannst du dich einfach mal auf die Grundplatte stellen. Beeindruckend, nicht wahr?

Der positive Nebeneffekt hierbei ist, dass die LEGO®-Bausteine der fünf Bauebenen fest zusammen gedrückt werden.

Abbildung 5:
Prüfung der Stabilität eines Breadboards aus LEGO®-Bausteinen

Das Breadboard wirst du natürlich nicht nur für das Michelson-Interferometer verwenden, sondern auch für alle weiteren optischen Experimente. Ich habe es so dimensioniert, dass die Interferometer-Aufbauten dieses Buches darauf Platz finden.

Widmen wir uns gleich dem nächsten Laser-Hack: Jetzt beginne ich mit dem Aufbau der mechanischen und optomechanischen Komponenten für das Interferometer. Dazu zählen bspw. der Kombihalter mit der Laserdiode, der Strahlteilerhalter und zwei Spiegelhalter.

Den Laser kannst du ohne weitere Beachtung der Polarisation aus dem Laser-Hack 9 des Holografie-Buchs übernehmen.

Auf unserer Webseite findest du Links zu den entsprechenden Anbietern. Elektronikkomponenten habe ich bei Conrad Electronic SE bestellt. Die Laserdiode kommt von der Picotronic GmbH.

Laser-Hack 2: Laser mit Strom versorgen

Für diesen Laser-Hack benötigst du die in der Tabelle aufgelisteten Materialien:

Anzahl	Artikelname	Art.-Nr.
1	Isoliertes Punkt Lasermodul (rot, 650 nm, 1 mW)	DBI650-1-3-FA(12x40)-F3400
1	Batteriebox 2x Mignon (AA)	1318437
1	Lötkolben	616675
1	Lötzinn	1666025
1	Schrumpfschlauch ohne Kleber (2mm)	1567338
2	Mignon (AA) Batterie	

Jedes optische Experiment beginnt bei der Lichtquelle. Für das Michelson-Interferometer ist das der Laser. Ich habe eine Laserdiode verwendet, die trotz des günstigen Preises einen sehr schönen kreisförmigen Strahlquerschnitt aufweist. Hierzu habe ich eine Aufweitungslinse in den Strahlengang gehalten. Es kann sein, dass der Querschnitt deiner Laserdiode stärkere Unregelmäßigkeiten aufweist, als auf dem Foto gezeigt. Dies kann an Staub oder Fingerabdrücken auf der Linse oder dem Laserausgang selbst liegen. Du kannst jede in diesem Buch verwendete Optik ganz einfach mit einem Brillenputztuch reinigen.

Abbildung 6:
Foto des Strahlquerschnitts meiner Laserdiode; hierzu habe ich den Strahl mit einer Linse aufgeweitet.

Jedoch wird diese Laserdiode ohne Netzteil geliefert. Das ist aber kein Problem. Du kannst, wie das nächste Bild zeigt, eine Batteriebox für zwei Mignon (AA) Batterien an die Kabel der Laserdiode löten und die Lötstellen mit Schrumpfschlauch isolieren.

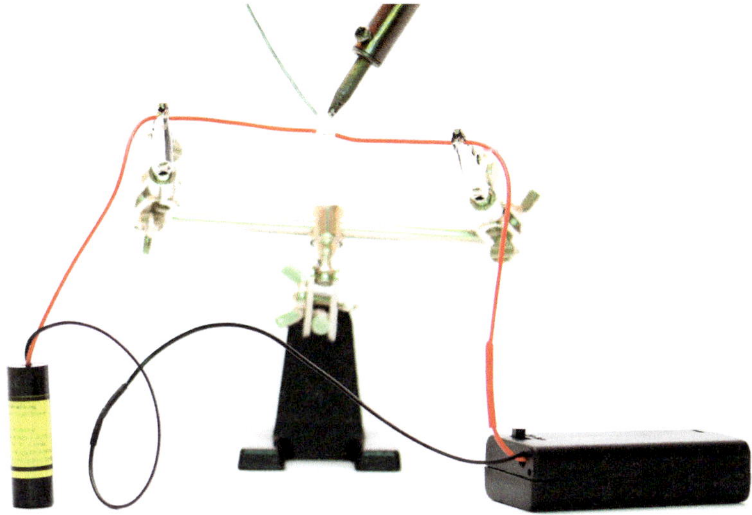

Abbildung 7:
Löten der Laserdiode an eine Batteriebox; denke daran, die Schrumpfschläuche vor dem Löten über die Kabel zu stülpen.

Solltest du keinen Lötkolben haben, kannst du die Laserdiode und die Batteriebox ganz einfach mit einer Lüsterklemme verbinden. Anstelle der Batteriebox kannst du alternativ eine Festspannungsquelle verwenden, wie zum Beispiel ein Netzteil. Wichtig ist hierbei nur, dass eine Spannung von 3V (Betriebsspannung der Laserdiode) anliegt und dass du in jedem Fall auf die richtige Polung achtest. Zwei in Reihe geschaltete Mignon (AA) Batterien liefern eben diese Spannung.

Die Laserdiode ist so aufgebaut, dass das Laserlicht nur an einer Seite aus dem Gehäuse austritt (rundes Loch gegenüber dem Kabelanschluss). Da der Laser jetzt betriebsbereit ist, muss ich dir **vor** dem Einschalten und dem Einlegen der Batterien Folgendes sagen:

Vorsicht Laserstrahlung!

Der verwendete Laser hat eine maximale Leistung von **P = 1 mW** bei einer Wellenlänge von **λ = 650 nm** (rot) und gehört somit der **Laserklasse 2** an.

Bitte nicht direkt in den Laser gucken!

Siehe auch *DGUV Vorschrift 12 (2007)*

Schalte die Laserdiode nun testweise an. Am besten leuchtest du auf eine nicht oder wenig reflektierende Oberfläche und schaust dir das Strahlprofil an. Laserlicht ist schon beeindruckend, oder?

Zur Erinnerung

Licht kann man sich als eine Welle mit bestimmter Wellenlänge λ vorstellen. Die Wellenlängen für das sichtbare Licht liegen zwischen 380 nm (ultraviolett) und 750 nm (rot).

Laserlicht ist intensives, stark gebündeltes Licht einer Wellenlänge, wobei die einzelnen Wellenzüge in Phase (Wellenberg auf Wellenberg) sind.

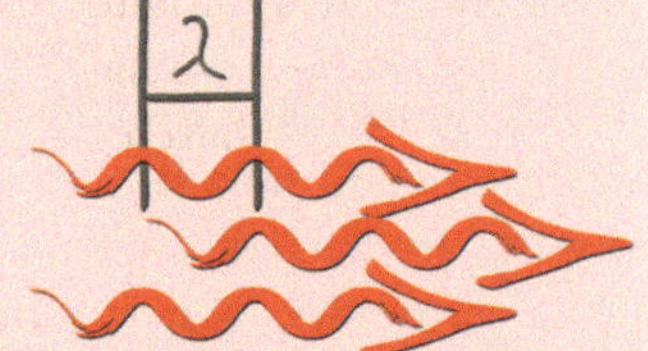

Das Licht einer Glühlampe hingegen besteht aus vielen Wellenlängen, welche nicht in Phase verlaufen. Außerdem ist es nicht gebündelt, sondern strahlt in alle Richtungen.

Laser-Hack 3: Kombihalter bauen

Abbildung 8:
Foto des Kombihalters für die Befestigung der Laserdiode und der Linse; aufgebaut aus LEGO®-Bausteinen

Die Laserdiode benötigt nun eine mechanische Fassung. Ich habe hierzu einen »Kombihalter« entworfen, der neben dem Laser auch eine Aufweitungslinse halten kann. Da die Justage der Linse schwierig ist und einiges falsch gemacht werden kann, habe ich der Linse einen festen Platz im Kombihalter gegeben. Der Kombihalter ist so konstruiert, dass der Laserstrahl mittig durch die Linse strahlt.

Für den Aufbau benötigst du die folgenden LEGO®-Bausteine:

Anzahl	Artikelname	Art.-Nr.	Farbe
4	Brick 2 x 4	3001	Black
2	Plate 2 x 3	3021	Black
1	Plate 2 x 4	3020	Black
1	Plate 4 x 8	3035	Dark Bluish Gray
2	Technic Axle 2 Notched	32062	Black
2	Technic Axle 3	4519	Light Gray
6	Technic Axle Joiner Double Flexible	45590	Black
4	Technic Brick 1 x 2 with Axle Hole	32064	Black

Der Kombihalter ist rasch aufgebaut. Wenn dir Steine fehlen, kannst du hierbei auch Bausteine mit anderen Farben verwenden.

1

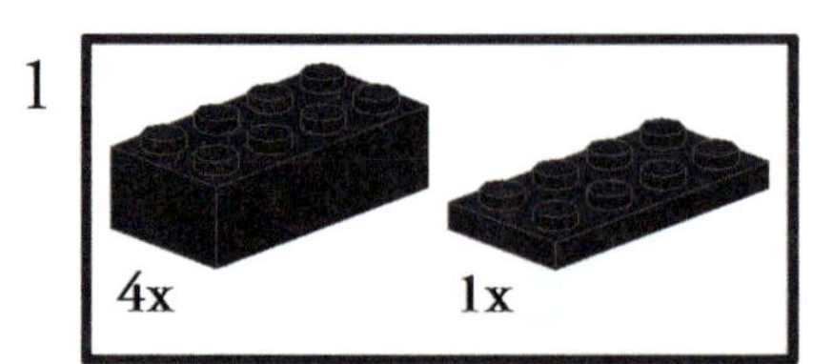

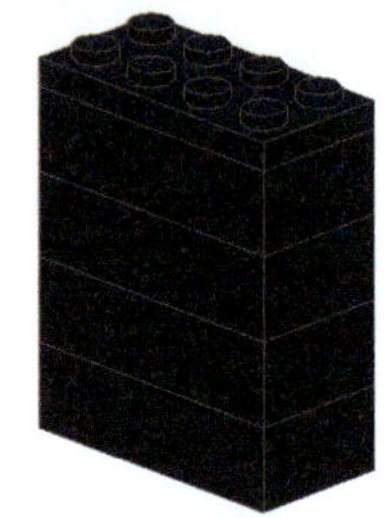

2

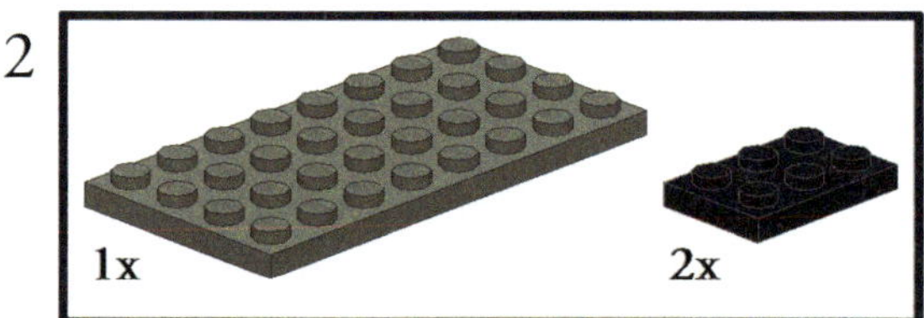

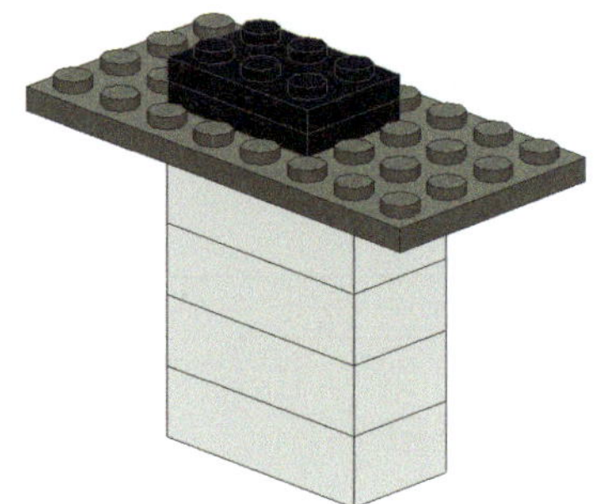

3

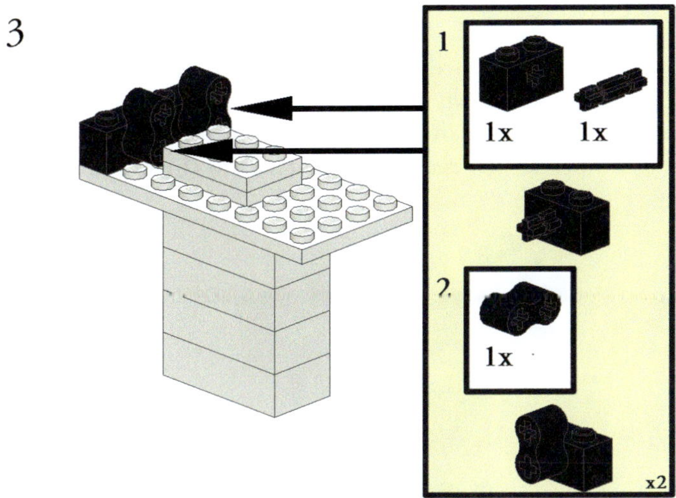

4

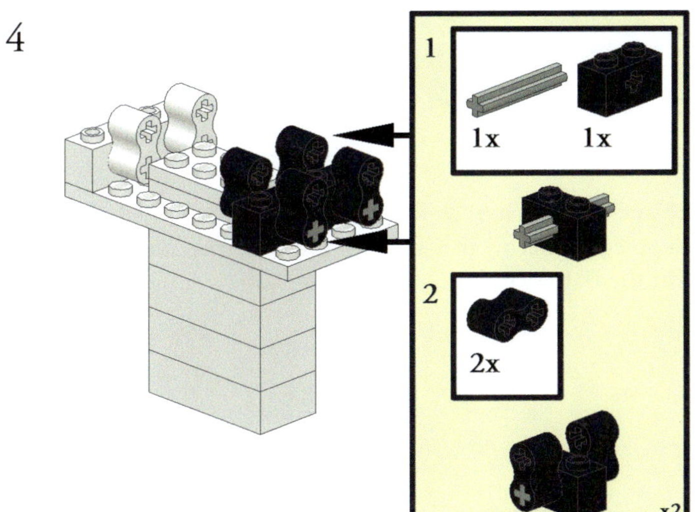

Die Laserdiode steckst du nun in den Kombihalter, wie es in der Abbildung gezeigt ist. Die Laserdiode sollte fest in der Halterung klemmen und parallel zur hellgrauen Grundplatte ausgerichtet sein. Die freie Lücke zwischen den zwei Gummisteinen an der Lichtaustrittsseite der Diode (rechts im Foto) ist für die Linse vorgesehen; sie wird erst später bei der Justage (vgl. Laser-Hack 8) eingefügt.

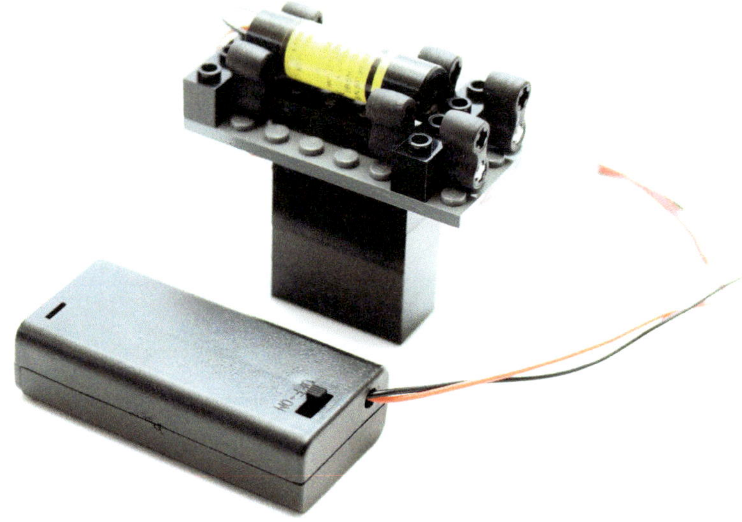

Abbildung 9:
Das Foto zeigt, wie du die Laserdiode in den Kombihalter einklemmen musst. Die vorderen zwei Gummisteine werden später für die Aufnahme der Linse wichtig sein.

Als Nächstes widme ich mich dem Aufbau eines Strahlteilerhalters, von zwei Spiegelhaltern, eines Beobachtungsschirms und einer Halterung für die Batteriebox.

Laser-Hack 4: Batterieboxhalter bauen

Den Batterieboxhalter kannst du direkt aus dem Holografie-Buch übernehmen.

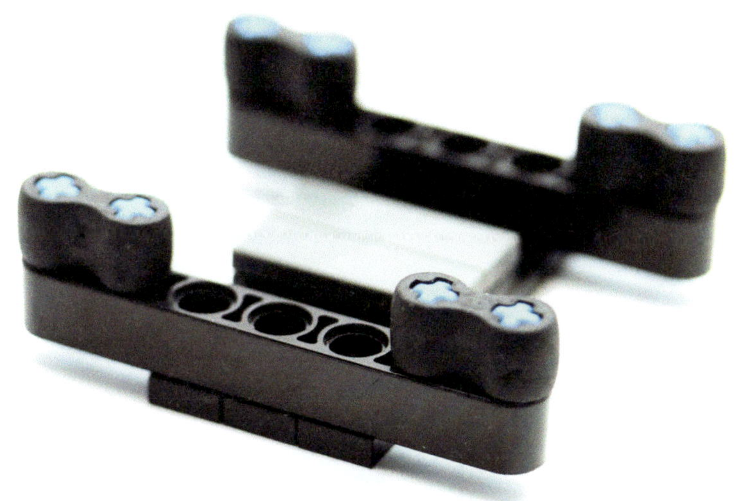

Abbildung 10: *Batterieboxhalter aus LEGO®-Bausteinen*

Der Batterieboxhalter verbindet die Batteriebox fest mit dem Breadboard. So kann das fertige Interferometer ohne Probleme mit einer Hand herum getragen und die Kabel können sicher verlegt werden. Wenn du ein Netzgerät verwendest, kannst du diesen Laser-Hack überspringen.

Für den Aufbau benötigst du folgende LEGO®-Bausteine:

Anzahl	Artikelname	Art.-Nr.	Farbe
3	Plate 1 x 6	3666	Black
1	Plate 2 x 3	3021	Black
2	Tile 1 x 3	63864	Dark Bluish Gray
4	Technic Axle Joiner Double Flexible	45590	Black
8	Technic Axle Pin	43093	Blue
2	Technic Liftarm 7	32524	Black

Dann kann es auch schon direkt losgehen.

1

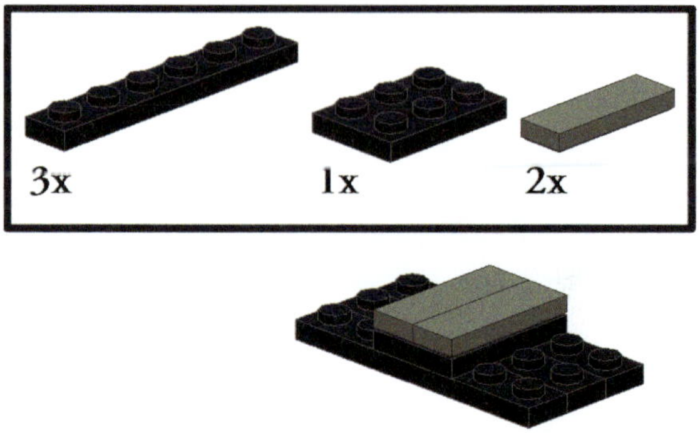

3x 1x 2x

2

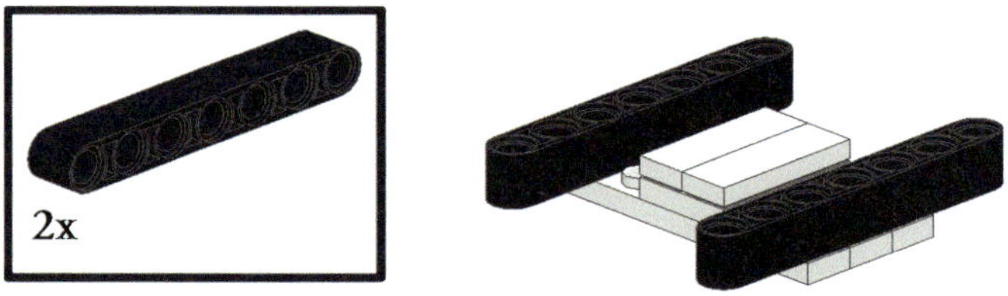

2x

3

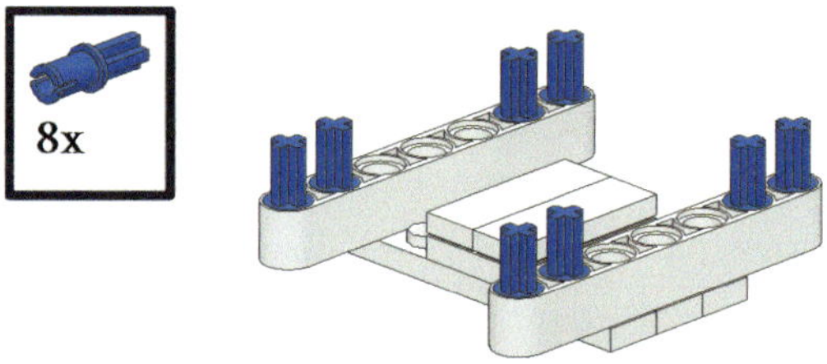

8x

4

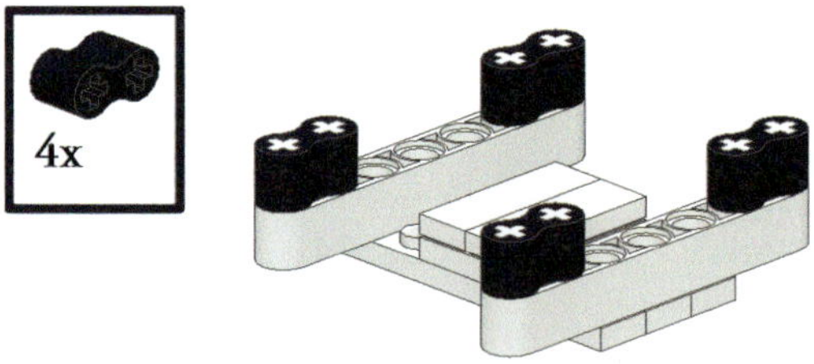

4x

Der Batteriehalter ist nun schon fertig!

Laser-Hack 5: Strahlteilerhalter bauen

Abbildung 11:
Strahlteilerhalter aus LEGO®-Bausteinen

Ein Strahlteiler dient dazu – wie der Name schon sagt – einen Strahl zu teilen. Im Fall eines Michelson-Interferometers soll der Laserstrahl so aufgeteilt werden, dass die aufgeteilten Laserstrahlen im rechten Winkel (90°) zueinander verlaufen und dabei möglichst gleiche Intensitäten aufweisen. Man spricht dann von einem 50:50 Strahlteiler.

Strahlteiler gibt es entweder als Strahlteilerwürfel oder als Strahlteilerplatten, wie ich sie hier verwende. Bei der Strahlteilerplatte handelt es sich um eine Glasplatte, auf der eine dünne, reflektierende Schicht aufgebracht wurde. Die Schicht kannst du mit dem Auge erkennen, wenn du die Platte ins Licht drehst.

Du kannst alternativ auch einen Strahlteilerwürfel verwenden. Dann werden die Seitenkanten des Würfels parallel zur quadratischen Bodenplatte ausgerichtet.

Die Bauweise der Strahlteilerplatte sieht vor, dass diese in einem Winkel von 45° zum einfallenden Laserstrahl eingesetzt wird. Der Halter muss also so konstruiert werden, dass die Glasplatte mit einem Winkel von 45° stehend eingebaut werden kann.

Für den Strahlteilerhalter benötigst du die folgenden LEGO®-Bausteine. Mit dem Aufbau kannst du dann direkt beginnen.

Als Strahlteiler wird ein teildurchlässiger Vorderflächen-Glasspiegel (Art.-Nr.: 511.TFG) verwendet, welchen du bei Edunikum kaufen kannst.

Anzahl	Artikelname	Art.-Nr.	Farbe
2	Brick 2 x 2	3003	Black
8	Brick 2 x 4	3001	Black
1	Plate 6 x 6	3958	Dark Bluish Gray
2	Technic Axle Joiner Double Flexible	45590	Black
4	Technic Axle Pin	43093	Blue
2	Technic Brick 1 x 2 with Holes	32000	Black

1

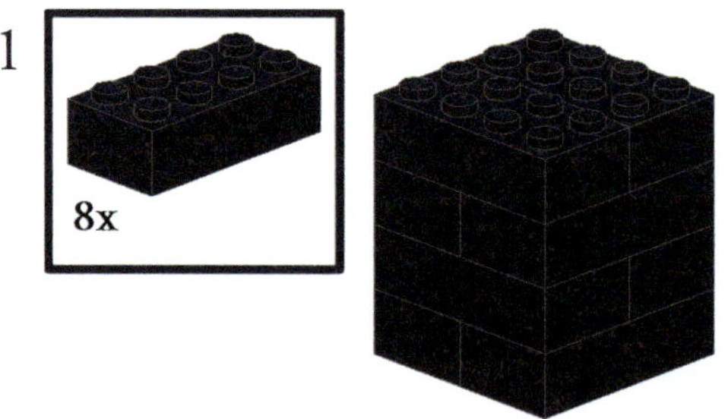

2

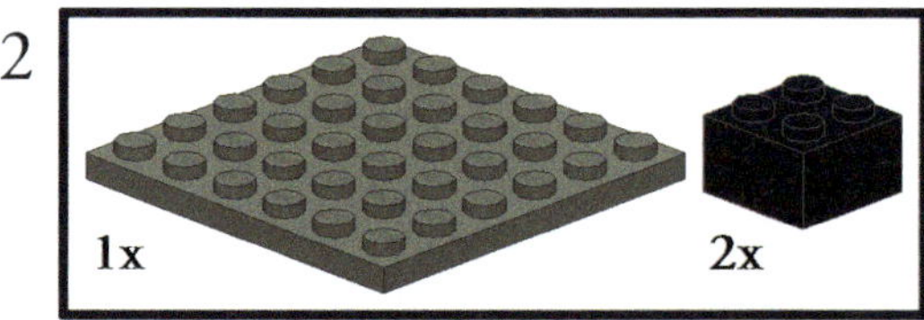

3

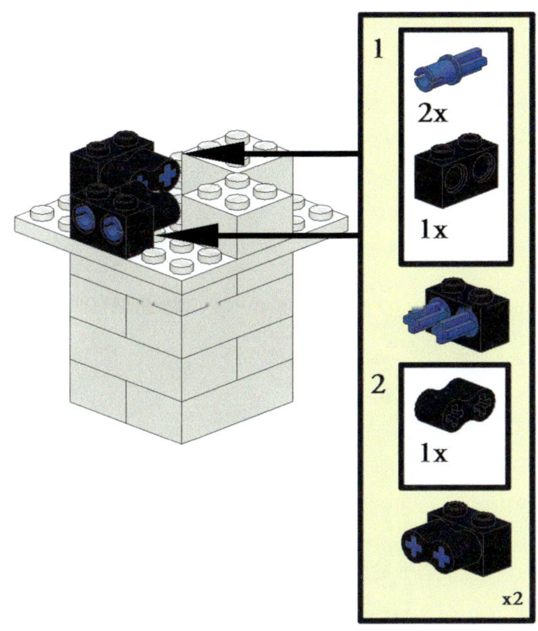

In Abbildung 12 wird gezeigt, wie man den Strahlteiler in die Halterung klemmt. Die Platte sollte möglichst senkrecht zur Bodenplatte stehen. Vorsicht Schnittgefahr! Die Glaskanten können scharf sein.

Die Spiegel und auch die anderen Optiken (Strahlteiler und Linse) sollten seitlich an den Kanten gehalten werden, um die Oberflächen nicht zu beschmutzen.

Vorsicht: Schnittgefahr!

Abbildung 12: *Strahlteilerhalter aus LEGO®-Bausteinen inkl. Strahlteiler*

Du kannst ohne weiteres die beiden Spiegelhalter aus dem Holografie-Buch verwenden.

Laser-Hack 6: Spiegelhalter bauen

Abbildung 13: *Spiegelhalter aus LEGO®-Bausteinen*

Die bisherigen Komponenten waren rein statischer Natur mit dem Zweck einer möglichst stabilen Fixierung des Aufbaus oder der optischen Komponenten. In diesem Laser-Hack widme ich mich der Konstruktion von justierbaren Spiegelhaltern, die zunächst ebenfalls zur mechanischen Befestigung der Spiegel dienen. Sie weisen aber eine weitere, sehr wichtige Funktion auf: Sie dienen zur Feinjustage der Laserstrahlen im Interferometer.

Diesen Spiegelhalter habe ich so entwickelt, dass er präzise Einstellmöglichkeiten besitzt, welche durch eine Drehfunktion für die seitliche Einstellung und durch eine Kippfunktion für die Höheneinstellung realisiert wurden.

Die folgende Bauteilliste zeigt dir die LEGO®-Bausteine, die du für den Aufbau von zwei Spiegelhaltern benötigst:

Anzahl	Artikelname	Art.-Nr.	Farbe
4	Plate 1 x 6	3666	Black
4	Technic Axle 2 Notched	32062	Black
4	Technic Axle 3 with Stud	6587	Dark Tan
4	Technic Axle 4	3705	Black
2	Technic Axle 4 with Stop	87083	Dark Bluish Gray
6	Technic Axle 5	32073	Light Gray
2	Technic Axle 7	44294	Light Gray
2	Technic Axle 12	3708	Black
2	Technic Axle Connector 2L	59443	Black
2	Technic Axle Joiner Double Flexible	45590	Black
4	Technic Axle Pin	43093	Blue
4	Technic Axle Pin Long with Friction Lengthwise and 1L Axle	11214	Dark Bluish Gray
4	Technic Brick 1 x 6 with Holes	3894	Black
8	Technic Bush 1/2 Smooth	32123	Light Gray
16	Technic Bush	3713	Light Gray
4	Technic Cross Block 1 x 2 (Axle/Pin)	6536	Black
4	Technic Cross Block 1 x 3 (Axle/Pin/Axle)	32184	Black
2	Technic Cross Block 2 x 2 (Axle/Twin Pin)	32291	Black
4	Technic Gear 20 Tooth Double Bevel	32269	Black
4	Technic Liftarm 2 x 0.5 Liftarm	41677	Black
4	Technic Liftarm 3	32523	Black
4	Technic Liftarm 3 x 3 T-shaped	60484	Black
4	Technic Liftarm 3 x 3.8 x 7 Liftarm Bent 45 Double	32009	Black

Als Spiegel wird ein Vorderflächen-Glasspiegel (Art.-Nr.: 504.NSZ) verwendet, welchen du bei der Firma Edunikum kaufen kannst.

Anzahl	Artikelname	Art.-Nr.	Farbe
8	Technic Liftarm 3 x 5 Bent 90	32526	Black
4	Technic Liftarm 4 x 6 Liftarm Bent	6629	Black
4	Technic Liftarm 5	32316	Black
2	Technic Liftarm 5 x 0.5 Liftarm with Axle Holes at Both Ends	11478	Black
2	Technic Liftarm 7	32524	Black
2	Technic Liftarm 7 x 5 with Open Center 5 x 3	64179	Light Gray
2	Technic Linear Actuator Small	92693c01	Light Gray
24	Technic Pin	2780	Black
32	Technic Pin Long	6558	Blue
14	Technic Pin Long with Stop Bush	32054	Black
2	Technic Turntable Type 3 Base	18939	Light Gray
2	Technic Turntable Type 3 Top	18938	Black
2	Technic Worm Gear	4716	Light Gray

Die Aufbauanleitung zeigt dir detailliert den Aufbau der Spiegelhalter. Ich habe mehrere Varianten vorher getestet und finde, dass diese Version am besten für Justagezwecke geeignet ist. Beachte, dass eine Winkelverstellung meist um nur wenige Grad erforderlich ist. Mir macht es immer sehr viel Spaß die mechanische Funktion und insbesondere die Ursache des »Schlupfes« der Zahnräder beim Einstellen der Spiegel genau zu verstehen.

Den Spiegelhalter musst du nun zweimal aufbauen.

Basiselement der Drehkonstruktion ist der Drehkranz, der bei den LEGO® Systembaukästen bspw. eine wichtige Rolle im LEGO® Technic™ Kranwagen spielt.

1

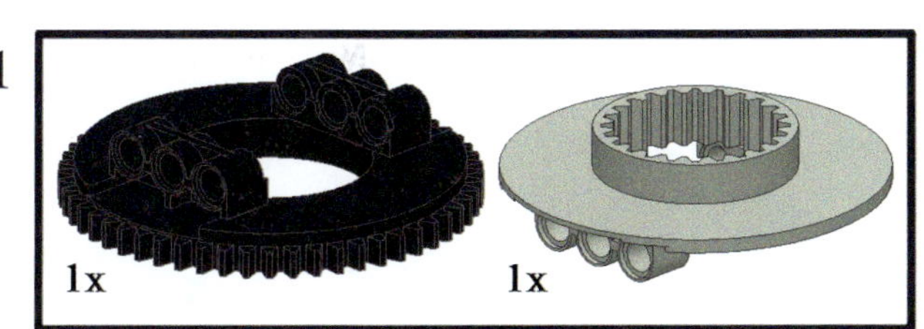

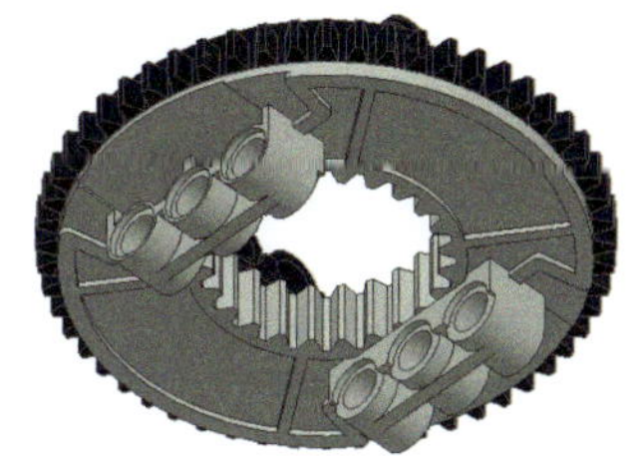

2

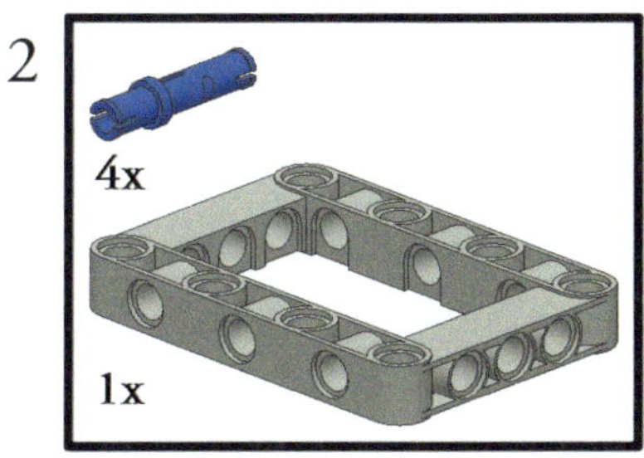

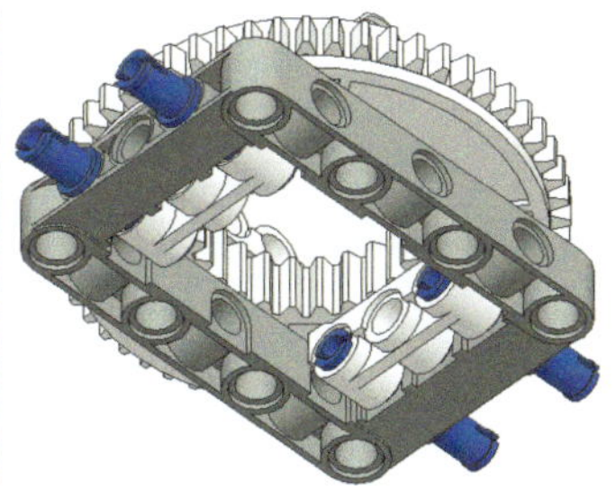

3

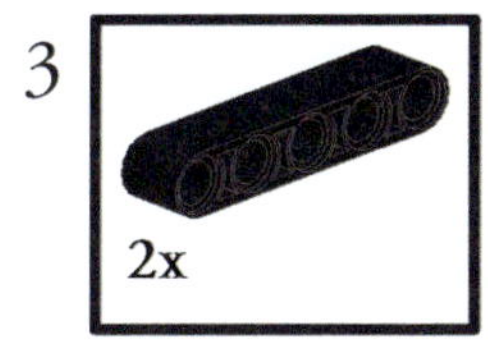

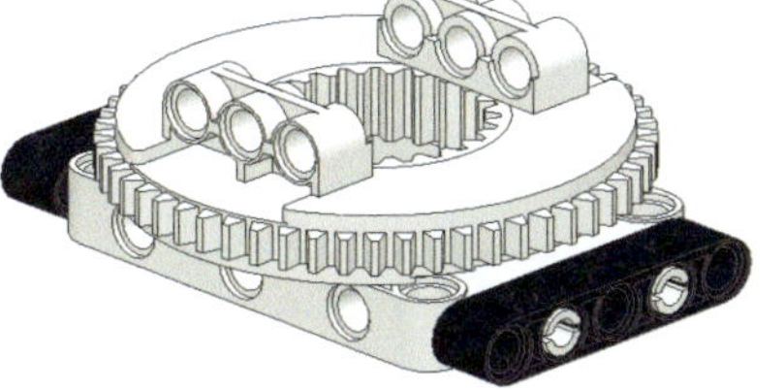

4

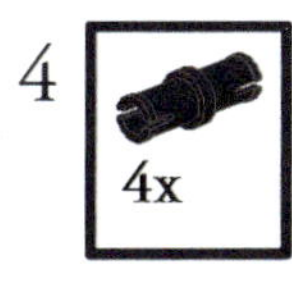

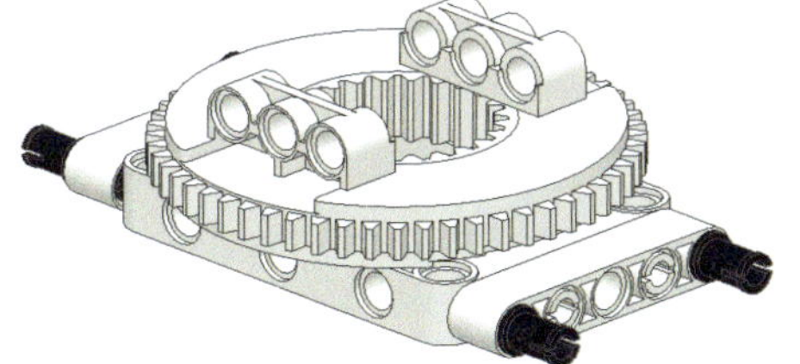

5

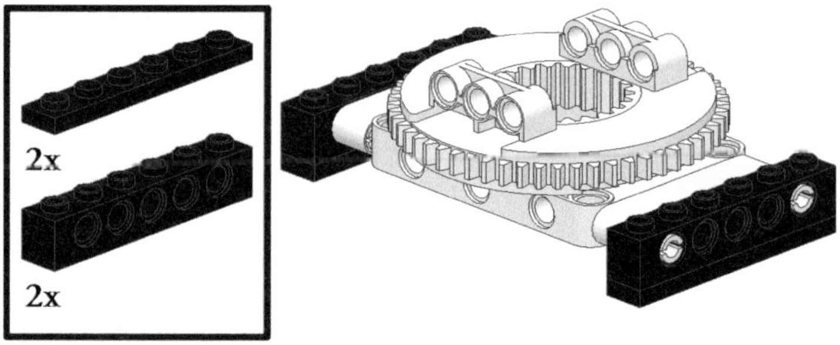

2x

2x

6

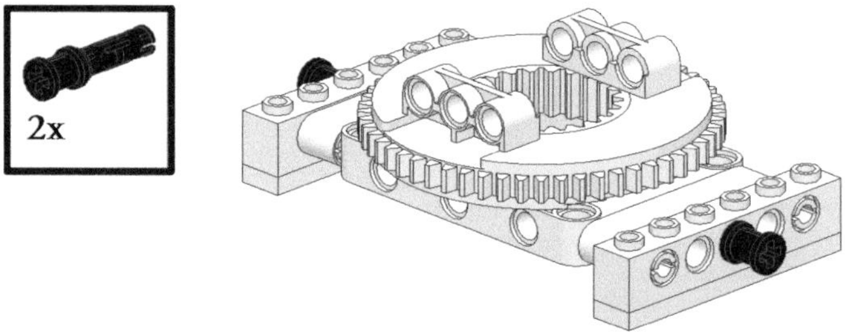

2x

7

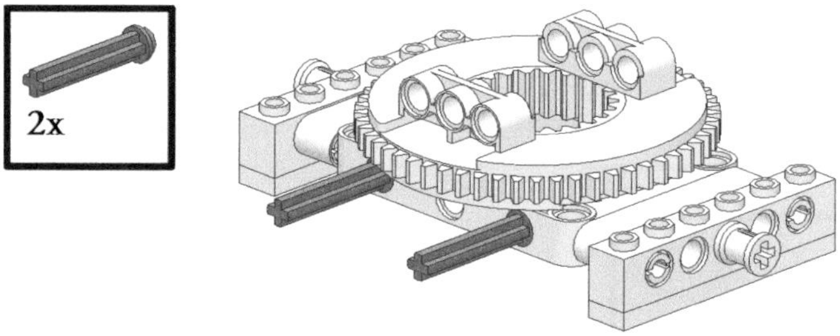

2x

8

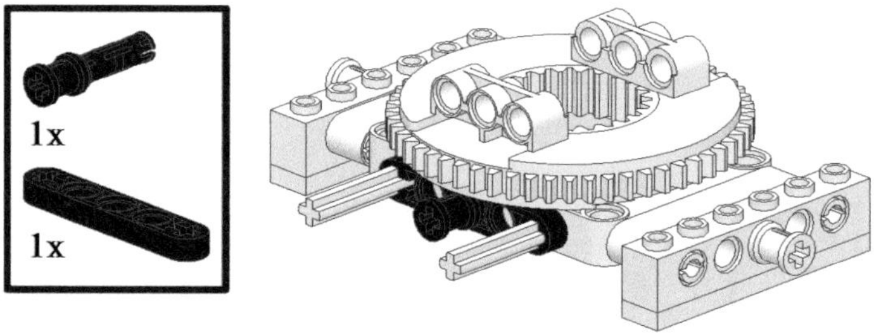

1x

1x

9

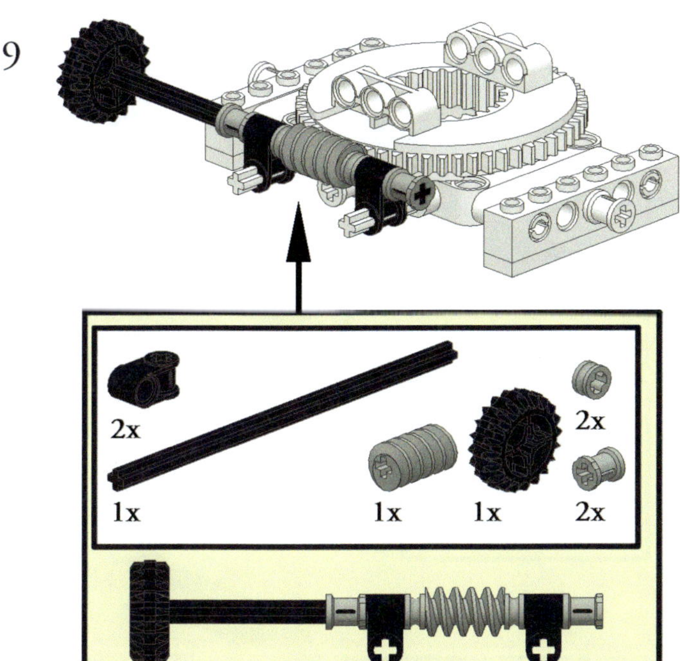

Ab diesen Bauschritt verfügt der Spiegelhalter über seine Drehfunktion.

Diese hat einen maximalen Drehwinkel von 360°. Eine Zahnrad-umdrehung entspricht dabei 5,8°. Du kannst eine Winkelgenauigkeit von unter 0,5° erreichen.

10

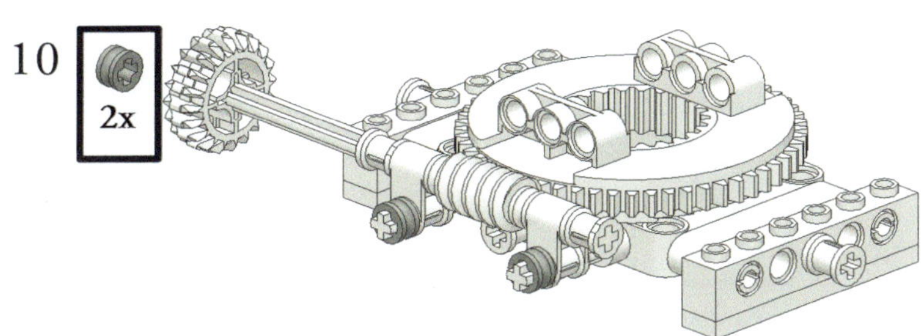

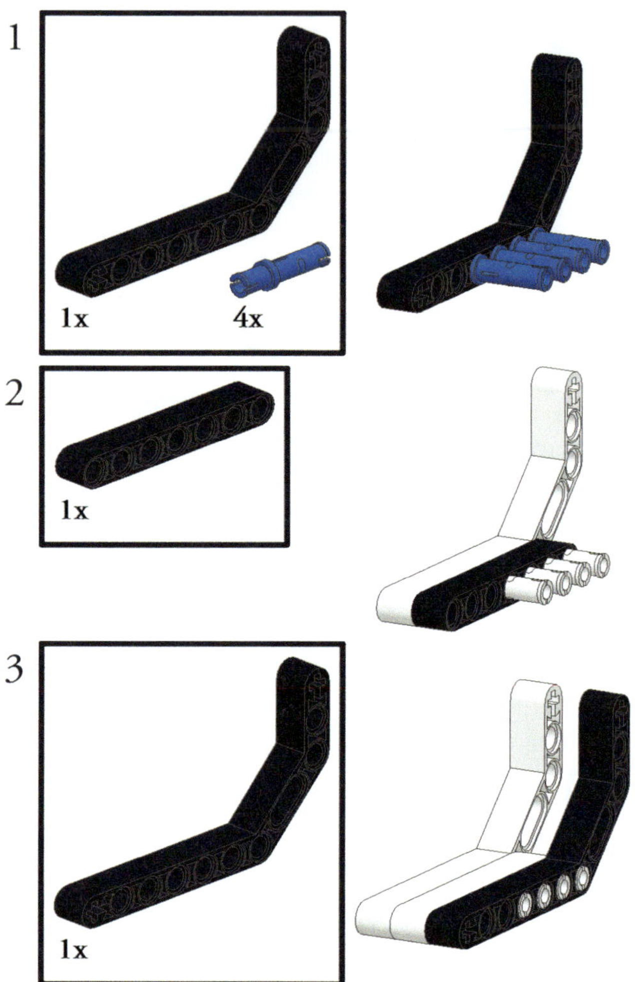
1
1x
4x
2
1x
3
1x

11

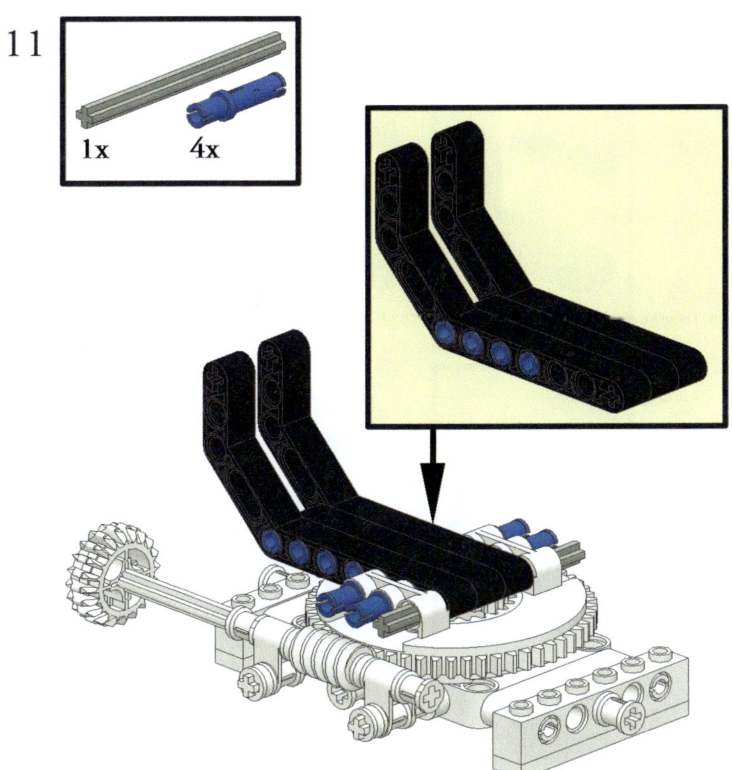

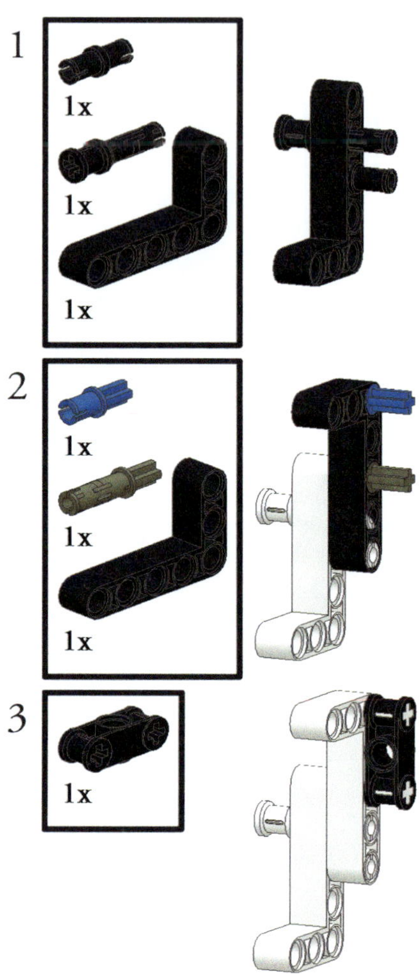
1
1x
1x
1x
2
1x
1x
1x
3
1x

12

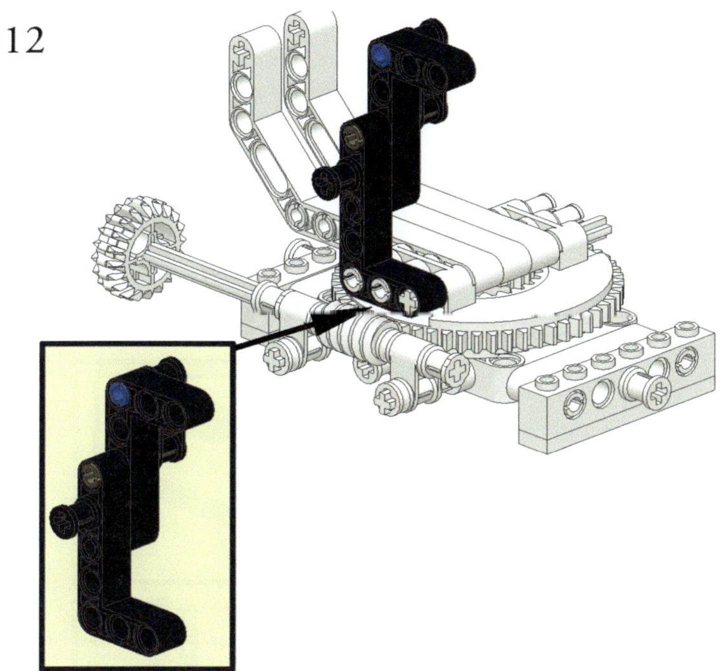

1

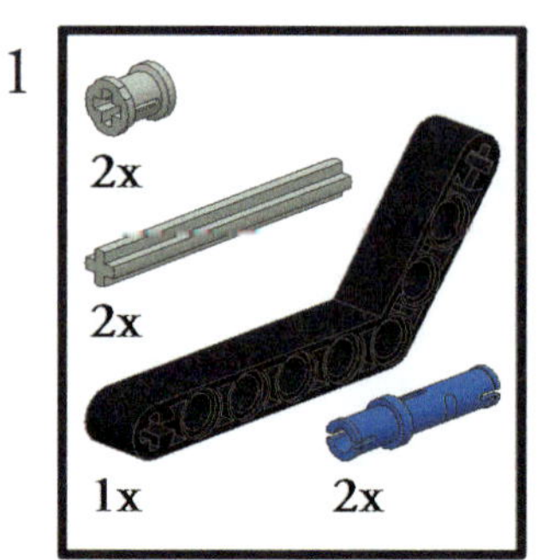

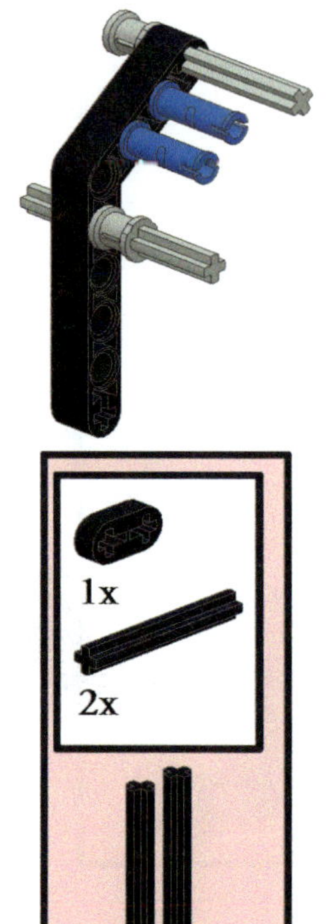

2

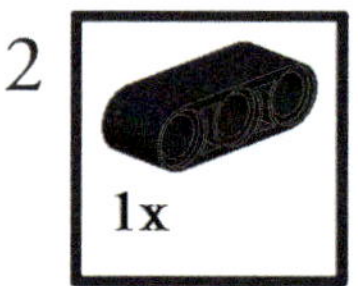

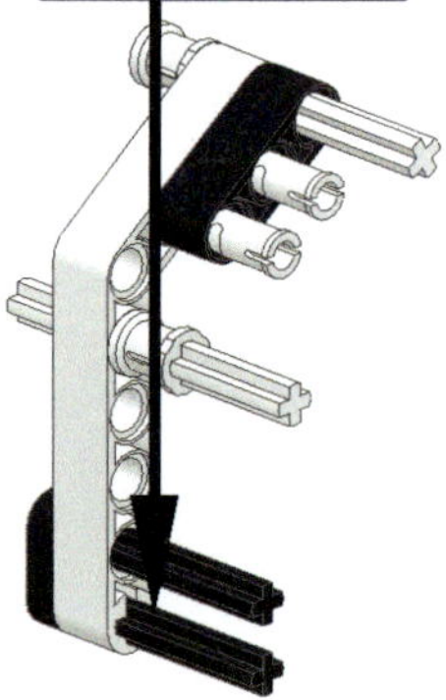

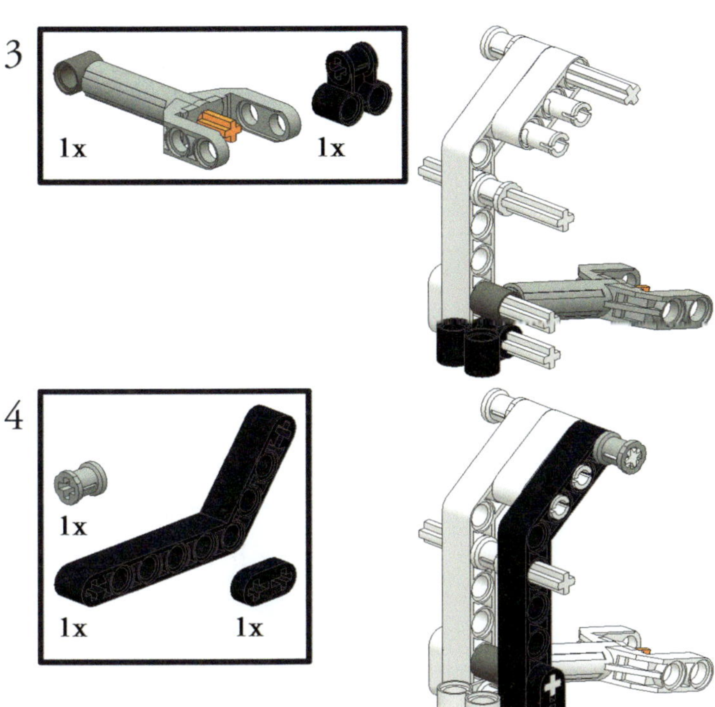
3
1x
1x
4
1x
1x
1x

13

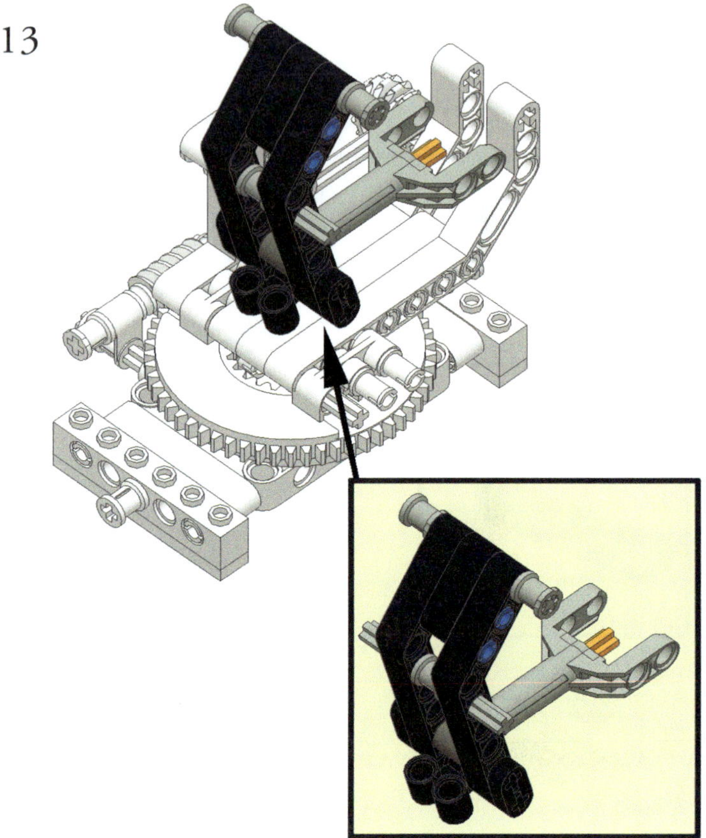

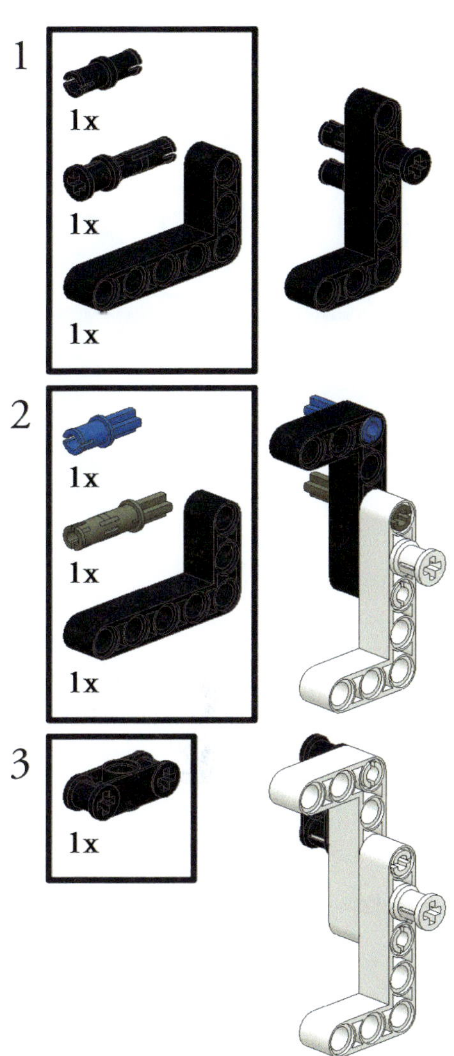
1
1x
1x
1x
2
1x
1x
1x
3
1x

14

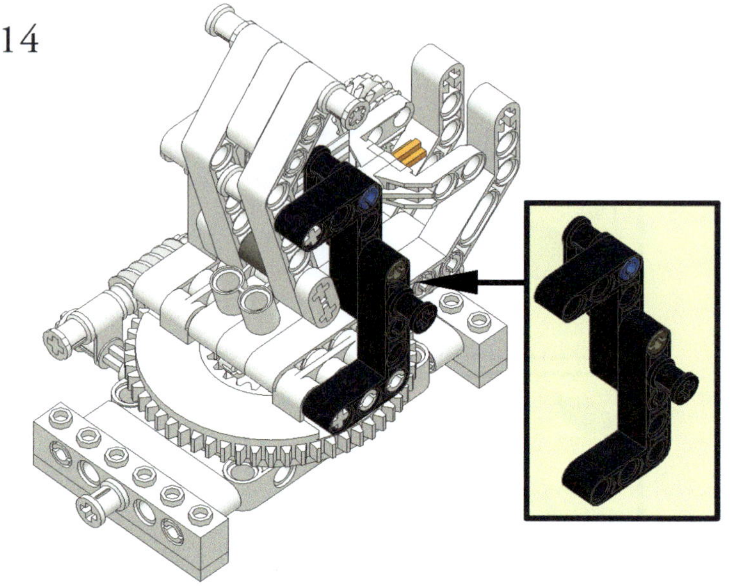

15

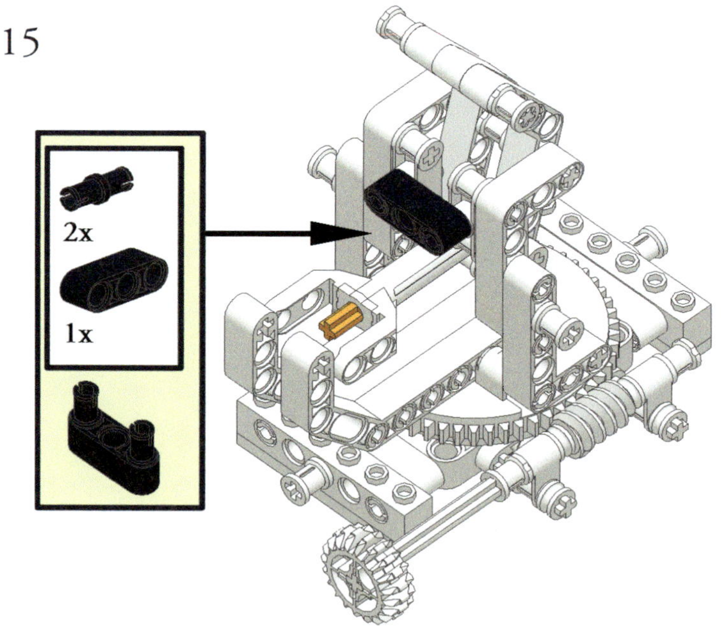

16

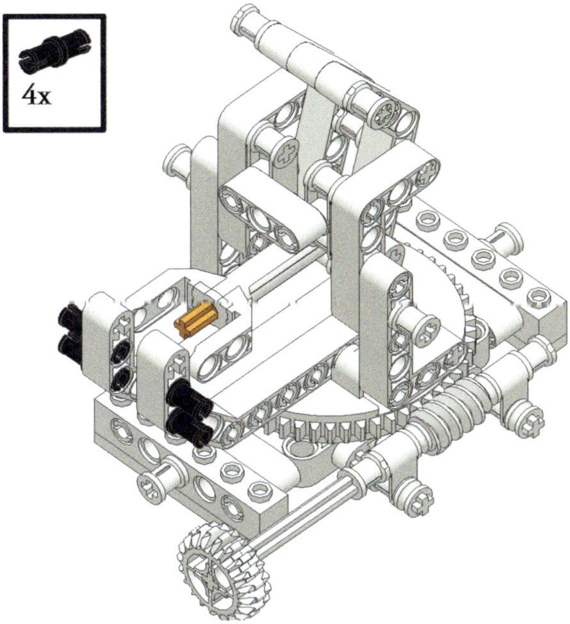

4x

17

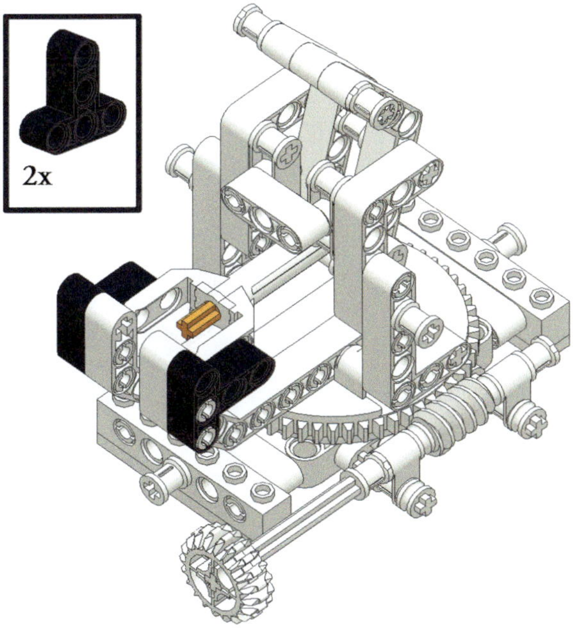

2x

18

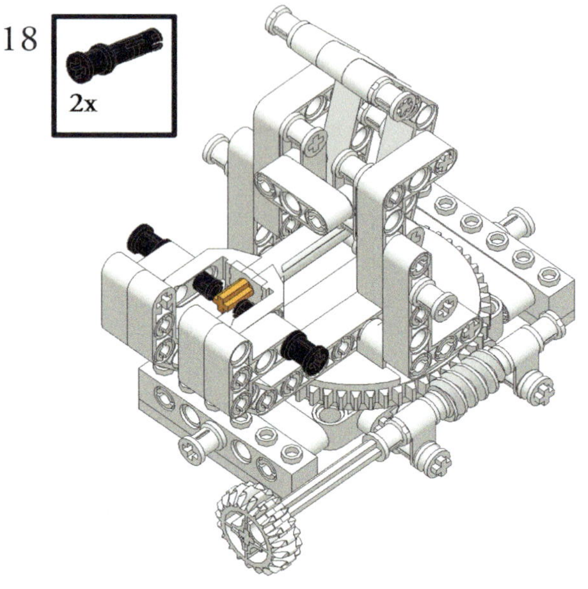

19

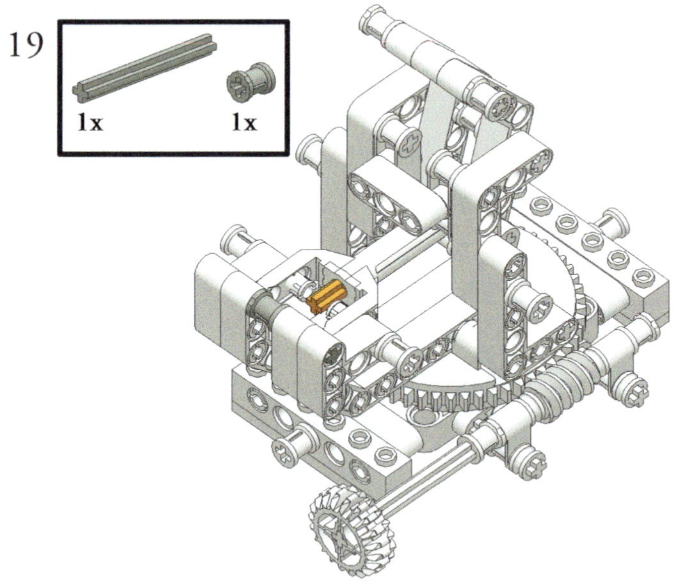

20

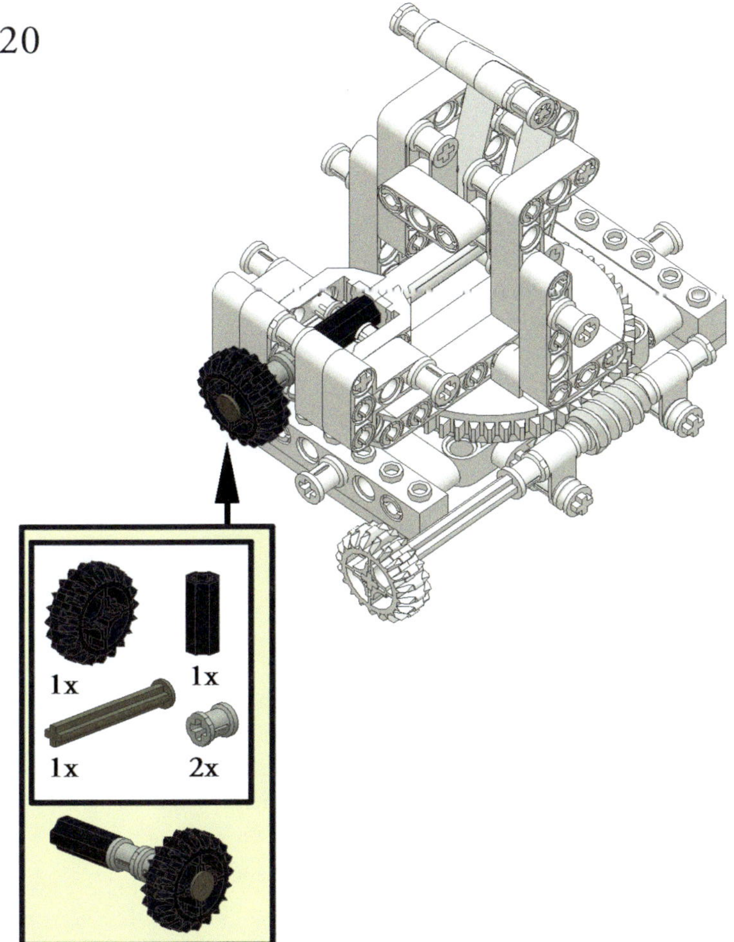

Ab diesen Bauschritt verfügt der Spiegelhalter über seine Kippfunktion.

Diese hat einen maximalen Neigungswinkel von 52°. Eine Zahnradumdrehung entspricht dabei 4,8°. Du kannst eine Winkelgenauigkeit von unter 0,5° erreichen.

21

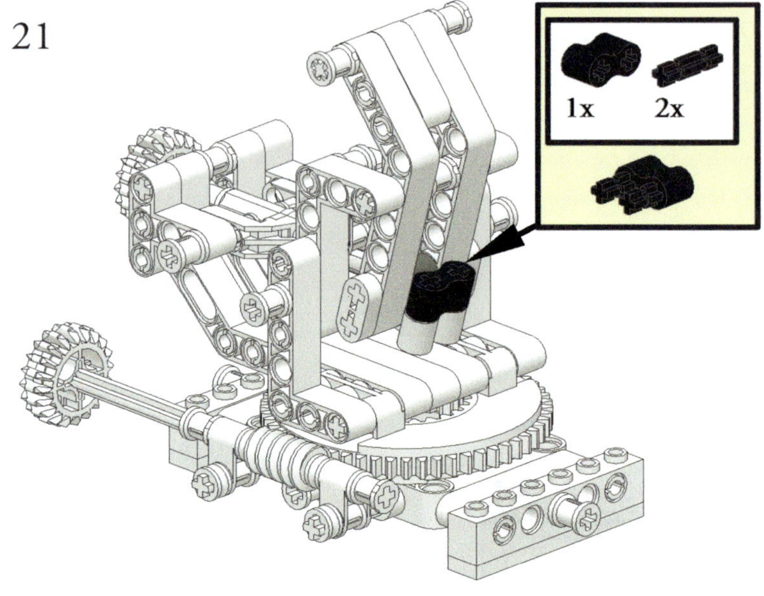

Nun ist der Spiegelhalter zumindest aus mechanischer Sicht fertig gebaut. Probiere die beiden Justagemöglichkeiten mit den Stellschrauben ruhig ein bisschen aus. Ein wenig Übung und Erfahrung bei der Handhabung werden dir später beim Einjustieren helfen.

Im letzten Schritt des Spiegelhalters musst du nur noch den Spiegel einsetzen. Hierzu klemmst du den Spiegel zwischen den Kipp-Arm und den Gummistein. Beachte, dass der Spiegel eine ausgezeichnete Vorderseite aufweist. Wie beim Strahlteiler handelt es sich um eine Glasplatte mit Oberflächenbeschichtung (hier: metallisch), die du daran erkennst, dass sie mit einer Schutzfolie (hier: blau) geschützt ist (muss entfernt werden). Sollte das nicht der Fall sein, ist der Unterschied zwischen Vorder- und Rückseite gut mit dem Auge zu erkennen (vgl. Foto). Der Rand des Spiegels unterscheidet sich deutlich, so dass du die kratzempfindliche, spiegelnde Vorderseite immer gut finden kannst. Der Spiegel muss so eingebaut werden, dass der Laserstrahl auf die Vorderseite trifft.

Abbildung 14:
Fotos des Vorderflächenspiegels von der Rückseite (links) und Vorderseite (rechts). Sehr deutlich sind Vorder– und Rückseiten am Glasrand unterscheidbar.

Jetzt habe ich noch ein Bild vom fertig aufgebauten Spiegelhalter für dich. Wenn du den Schlupf in der Mechanik reduzieren möchtest, kannst du noch drei Gummiringe an den gezeigten Stellen spannen (hier die weißen Gummiringe). Den Unterschied wirst du merken!

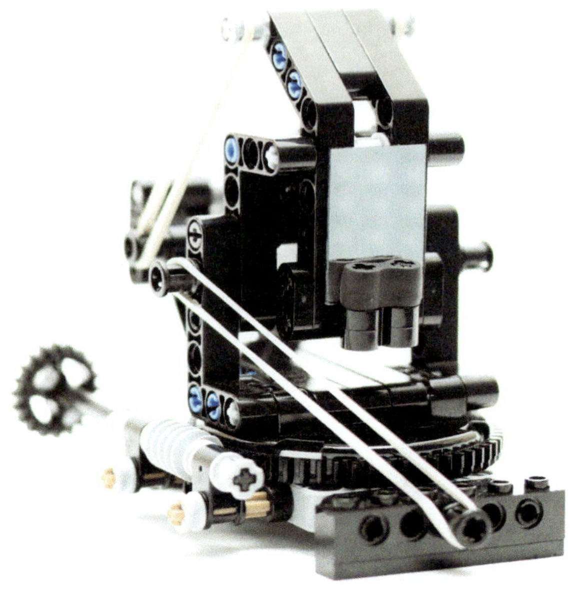

Abbildung 15:
Fertiger Spiegelhalter aus LEGO®-Bausteinen mit eingebautem Vorderflächenpiegel und Gummiringen

Der Spiegelhalter hat zwei Zahnräder für die Winkeleinstellung. Das untere Zahnrad ist für die Drehfunktion und das obere für die Kippfunktion zuständig. Dabei gilt an der Spiegeloberfläche für Laserstrahlen die bekannte Regel »Einfallswinkel gleich Ausfallswinkel« (s.u.). Somit kannst du durch Drehen der beiden Zahnräder den Winkel am Spiegel und damit die Richtung des reflektierten Laserstrahls präzise beeinflussen.

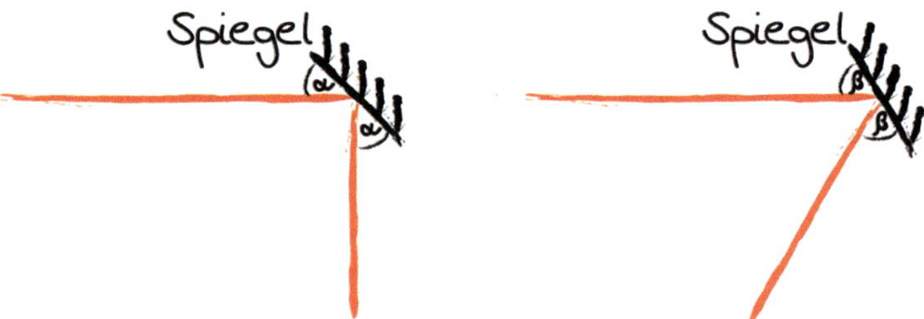

Wenn du auch den zweiten Spiegelhalter aufgebaut hast, benötigst du nur noch einen Beobachtungsschirm, bevor du mit dem Experimentieren loslegen kannst.

Laser-Hack 7: Beobachtungsschirm bauen

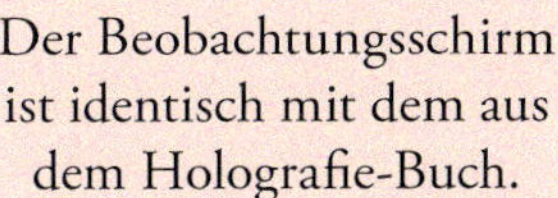
Der Beobachtungsschirm ist identisch mit dem aus dem Holografie-Buch.

Abbildung 16:
Beobachtungsschirm aus LEGO®-Bausteinen

Zur Beobachtung des Interferenzmusters benötigst du einen Schirm. Für einen guten Kontrast sollte er eine weiße Fläche aufweisen, stabil auf dem Boden stehen und im Strahlengang ausgerichtet werden können.

Ich habe einen Beobachtungsschirm aus weißen LEGO®-Bausteinen konstruiert, welcher zusätzlich einen stabilen Fuß und eine mittige Markierung besitzt. Zusätzlich ist er in der Höhe an den Strahlengang des Interferometers angepasst.

Mit den folgenden LEGO®-Bausteinen und der Aufbauanleitung baust du den Schirm nach:

Anzahl	Artikelname	Art.-Nr.	Farbe
2	Brick 1 x 4	3010	Black
8	Brick 1 x 10	6111	White
2	Brick 1 x 12	6112	Black
6	Brick 2 x 8	3007	Black
1	Plate 2 x 8	3034	Dark Bluish Gray
2	Plate 6 x 12	3028	Dark Bluish Gray
1	Slope 45 2 x 1 Double	3044	Black

1

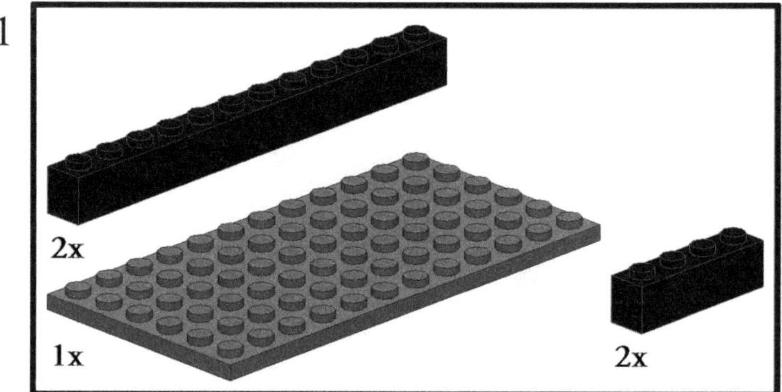

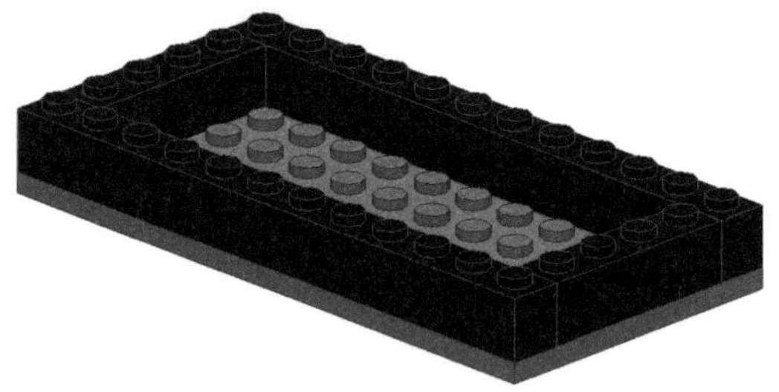

2

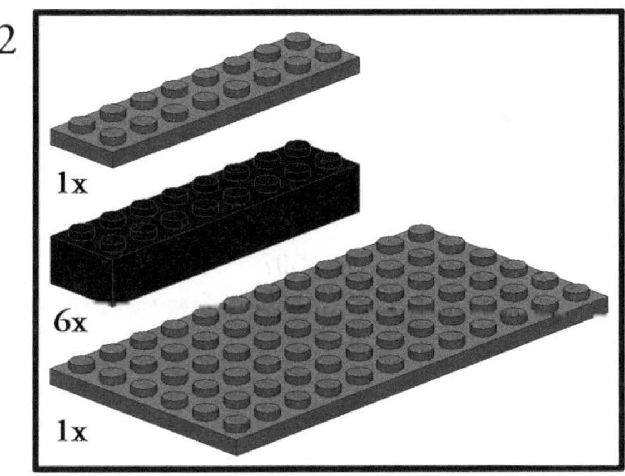

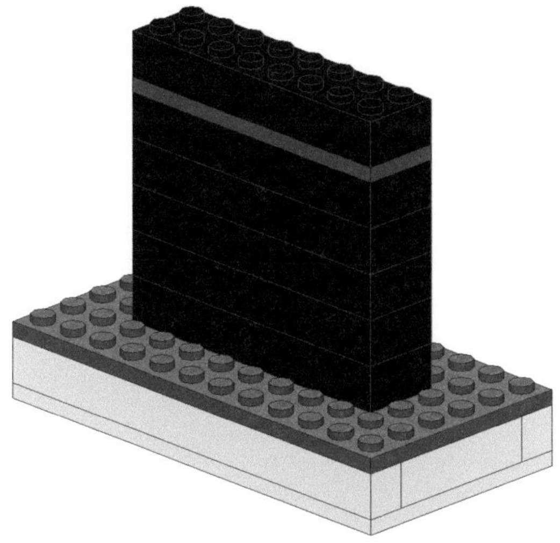

Für die einfache Justage von Beobachtungsschirm und Interferenzmuster habe ich eine Markierung (dreieckiger Baustein) vorgesehen. Dies hilft dir bei der Positionierung des Schirms im Strahlengang.

3

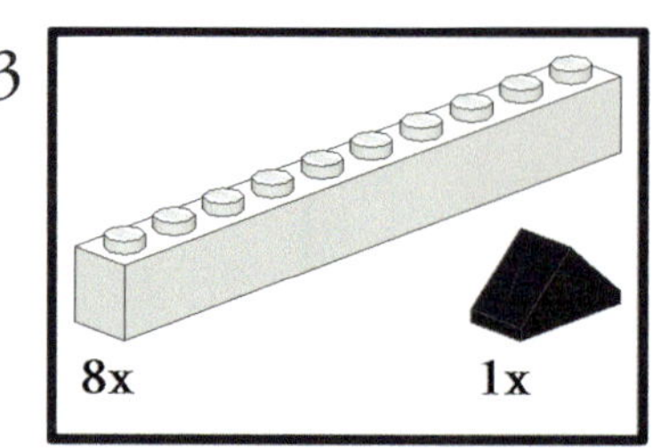

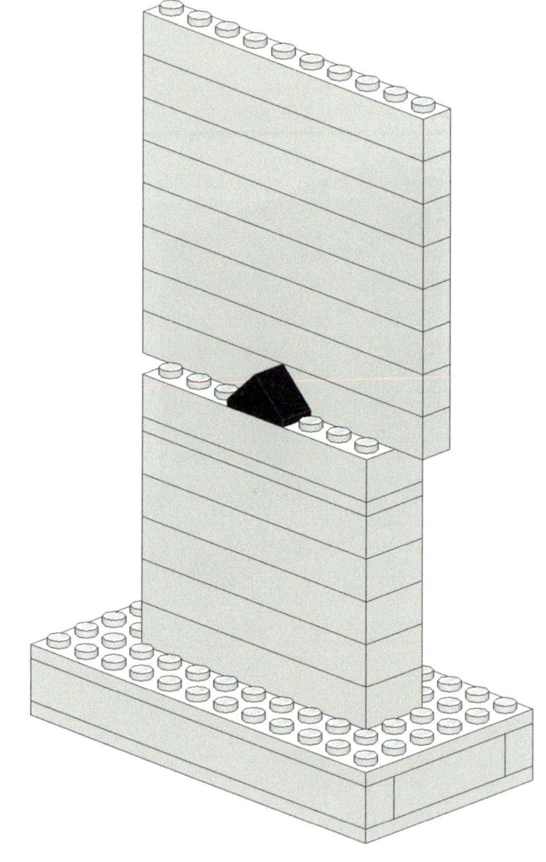

Laser-Hack 8: Michelson-Interferometer justieren

In diesem Laser-Hack bauen wir das Michelson-Interferometer zusammen und justieren es. Auf deinem Tisch sollten sich dafür das Breadboard und die mechanischen und optomechanischen Komponenten befinden, die du bereits aufgebaut hast (wie auf folgendem Foto zu sehen).

Abbildung 17:
So sollte es auf deinem Tisch aussehen: Alle mechanischen und optomechanischen Komponenten, mit denen du nun dein Michelson-Interferometer aufbauen kannst inkl. Linse (siehe Seite 78)

Die Justage des Michelson-Interferometers führe ich am liebsten entlang der folgenden fünf Schritte durch. Beim ersten Aufbau ist es sehr sinnvoll, wenn du dich möglichst eng an diese Anleitung hälst und Schritt für Schritt vorgehst – dann wirst du sehen, wie einfach es ist, ein Interferenzmuster zu erzeugen.

Schritt 1: Lege das Breadboard mit der kurzen Seite zu dir gerichtet auf einen festen Untergrund. Positioniere den Kombihalter mit Laserdiode (ausgeschaltet!) und Batterieboxhalter mit Batteriebox genau so, wie auf dem Foto gezeigt. Die rot markierten Punkte sollen dir bei der Positionierung helfen.

Abbildung 18:
Schritt 1 der Justageanleitung für ein Michelson-Interferometer: Aufbau von Laserhalterung und Batteriefach

Schritt 2: Positioniere einen der beiden Spiegelhalter auf dem Breadboard, wie im Foto gezeigt. Der Spiegelhalter muss fest auf dem Breadboard sitzen.

Abbildung 19:
Schritt 2 der Justageanleitung für ein Michelson-Interferometer: Aufbau des ersten Spiegelhalters

Denk daran:
Nicht in den Laser schauen!

Schalte jetzt den Laser für den ersten Justagevorgang ein. Der Laserstrahl sollte von der Laserdiode ausgehend in Richtung des Spiegelhalters leuchten. Ich nehme mir meist ein kleines Stück weißes Papier zur Hand und halte es in den Strahlengang. So kann ich den Verlauf des Laserstrahls immer gut nachverfolgen.

Der Laserstrahl sollte derart ausgerichtet sein, dass er automatisch (in etwa) in der Mitte des Vorderflächenspiegels einfällt. Sollte das nicht der Fall sein, solltest du prüfen, ob du die Komponenten richtig positioniert hast oder die Komponenten ggf. anders als dargestellt aufgebaut sind.

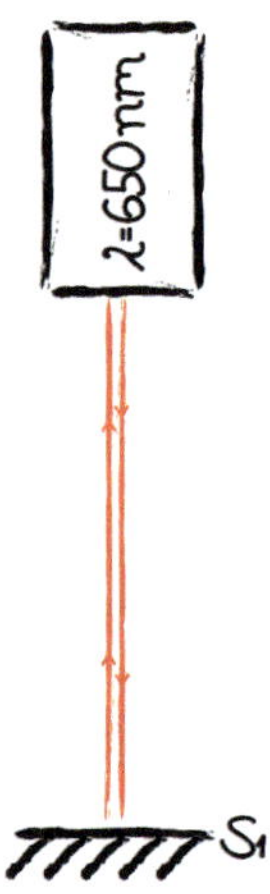

Abbildung 20: *Schemaskizze zum Strahlverlauf: Der Laserstrahl soll nach Reflexion am Spiegel S_1 wieder in die Laserdiode zurückstrahlen.*

Strahlen verlaufen kollinear, wenn sie parallel übereinander liegen.

Wenn der Laserstrahl mittig einfällt, gehe ich wie folgt vor: Der Spiegel reflektiert den einfallenden Laserstrahl in Richtung der Laserdiode zurück. Das Ziel ist nun, den Laserstrahl möglichst kollinear zum einfallenden Laserstrahl zu justieren, d.h. der Laserstrahl soll direkt in die Austrittsöffnung der Laserdiode zurückgelenkt werden (vgl. Skizze). Mit etwas Geschick gelingt dir das schnell durch Einstellen der Spiegelverkippung und –verdrehung am Spiegelhalter.

Fällt der Laserstrahl wieder zurück in die Laserdiode, kannst du zum dritten Aufbauschritt übergehen.

Schritt 3: Positioniere nun den Strahlteilerhalter wie auf dem Foto gezeigt in den Strahlengang. Achte dabei auf die Orientierung des Strahlteilers. Aus Gründen des Laserschutzes ist der Laser während des Einbauvorgangs auszuschalten.

Vorsicht:
Die Laserstrahlen teilen sich auf und werden nach links und rechts gelenkt.
Den rechten Teilstrahl solltest du vorerst blockieren.

Als Blocker kannst du z.B. ein paar schwarze LEGO®-Bausteine verwenden.

Abbildung 21:
Schritt 3 der Justageanleitung für ein Michelson-Interferometer: Positionierung des Strahlteilerhalters im Strahlengang

Mit eingeschaltetem Laser wirst du nun zwei Laserstrahlen sehen können, die vom Strahlteiler aus entgegengerichtet nach links und rechts verlaufen. Positioniere den Beobachtungsschirm in einer Entfernung von etwa 30 cm (bspw. ein DIN A4 Blatt) vom Breadboard so, dass der Laserstrahl entsprechend der Markierung mittig auf den Beobachtungsschirm fällt. Der Schirm ist damit auf einer Höhe mit dem Strahlteiler und muss nicht weiter bewegt werden.

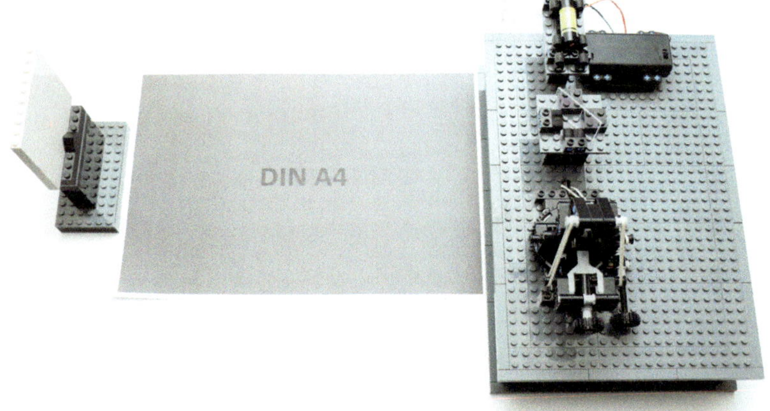

Abbildung 22: *Positionierung des Beobachtungsschirms in einem Abstand von etwa 30 cm vom Breadboard*

Die unten gezeigte Skizze zeigt dir schematisch den Strahlenverlauf, den du jetzt einjustiert hast.

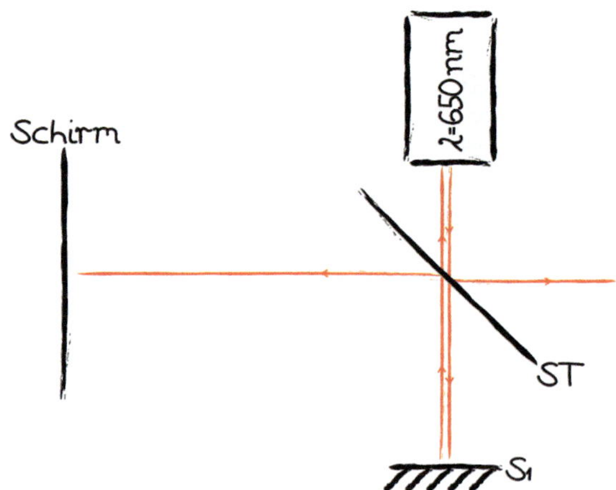

Abbildung 23: *Schemaskizze zum Strahlverlauf: Der Laserstrahl wird durch den Strahlteiler (ST) in zwei Teilstrahlen aufgeteilt. Ein Strahl fällt auf den Beobachtungsschirm.*

Schritt 4: Positioniere nun den zweiten Spiegelhalter auf das Breadboard, wie auf dem Foto gezeigt. Aus Gründen des Laserschutzes ist der Laser während des Einbauvorgangs auszuschalten.

Abbildung 24:
Schritt 4 der Justageanleitung für ein Michelson-Interferometer: Einbau des zweiten Spiegelhalters auf dem Breadboard

Schalte nun den Laser wieder ein. Wenn die Position des zweiten Spiegelhalters stimmt, fällt der vom Strahlteiler aus nach rechts reflektierte Laserstrahl mittig auf den zweiten Spiegel. Wie in der Schemaskizze gezeigt (unten), wird der Laserstrahl vom Spiegel S_2 zurückreflektiert, diesmal in Richtung des Strahlteilers bzw. des Beobachtungsschirms. Auf dem Schirm solltest du daher jetzt zwei Laserpunkte sehen können.

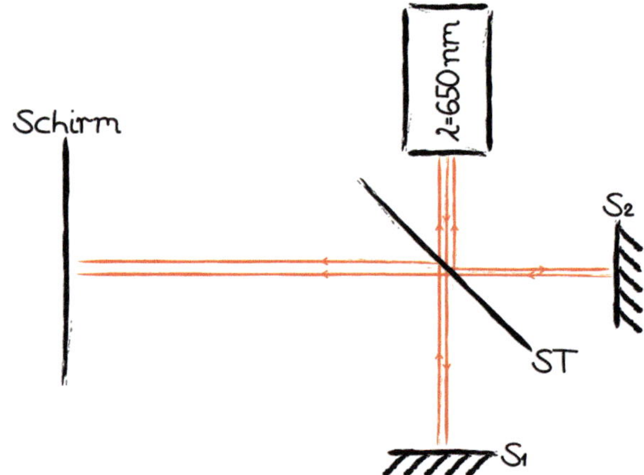

Abbildung 25:
Schemaskizze zum Strahlverlauf: Der Spiegel S_2 soll so eingestellt werden, dass sich die beiden Teilstrahlen auf dem Weg zum Schirm hin überlagern.

Aber: Beide Laserpunkte werden sich auf dem Beobachtungsschirm nicht an exakt der gleichen Position befinden. Die Laserstrahlen verlaufen daher nicht exakt kollinear, wie es in der Schemaskizze gezeigt und für das Interferometer notwendig ist.

Die nun erforderliche Justage erfolgt ausschließlich mit Hilfe des Spiegels S_2, d.h. der Spiegel S_1 wird nicht mehr verstellt. Aufgabe ist es, dass du die beiden Laserpunkte durch Drehen an den Verstellschrauben von S_2 übereinander legst. Mit etwas Übung ist das nicht allzu schwer. Zu Beginn wirst du bemerken, dass hier deine feinmotorischen Fähigkeiten erforderlich sind. Sobald beide Strahlen übereinander liegen, kannst du fortfahren.

Der letzte Justageschritt ist ein besonderer Moment beim Aufbau des Michelson-Interferometers. Durch das Überlagern der beiden Teilstrahlen hast du die aufgeteilten Wellenzüge kollinear justiert. Der Laserstrahl durchläuft nach der Trennung durch den Strahlteiler nun zwei unterschiedliche Wege und wird über S_1 und S_2 wieder im Strahlteiler zusammengeführt. Die Folge: **Interferenz**!

Die Überlagerung von Wellen führt zum physikalischen Phänomen der Interferenz.

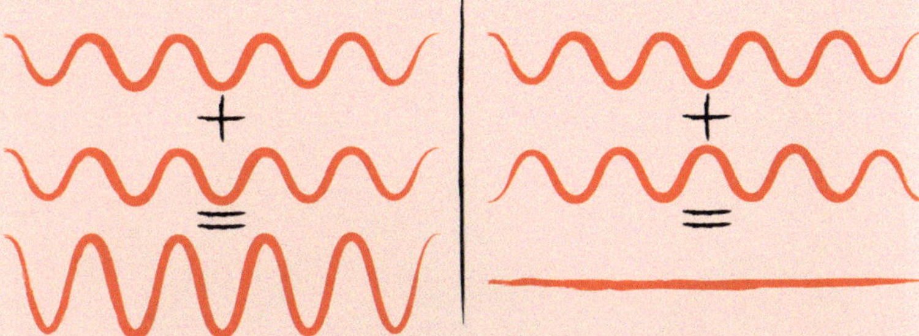

Dabei sind zwei Fälle von besonderer Bedeutung: Konstruktive und destruktive Interferenz. Bei der konstruktiven Interferenz (schematisch links dargestellt) schwingen die beiden Wellenzüge phasengleich (Wellenberg auf Wellenberg), so dass sich die Gesamtamplitude der Lichtwelle vergrößert. Im Falle der destruktiven Interferenz (schematisch rechts) verlaufen beide Wellenzüge gegenphasig (Wellenberg auf Wellental), so dass sich die Amplituden der beiden Wellen gegenseitig auslöschen. Um Interferenz verstehen zu können, musst du dir Licht also als eine Welle vorstellen.

Neben der Überlagerung ist eine weitere Voraussetzung für Interferenz die Kohärenz. Lichtwellen bezeichnet man als kohärent, wenn eine Phasenbeziehung zwischen ihnen besteht.

Für weitere Infos z.B. Halliday (2018)

Als Linse wird eine plankonvexe Acrylglas-Linse mit einer Brennweite von f = +65 mm (OPTI*Media OM5, Art.-Nr.: 306.OML) verwendet, welche du bei der Firma Edunikum kaufen kannst.

Schritt 5: Durch Einsetzen der Linse kannst du die Interferenz jetzt sichtbar machen, indem das Muster aufgeweitet wird (erneut Laser kurz ausschalten). Setze hierzu die Linse in die noch freie Halterung im Kombihalter direkt vor der Laserdiode ein (vorsichtig, dass du die bisherige Justage nicht verlierst). Abschließend stellst du Spiegel S_2 so ein, dass du ein schönes Interferenzmuster – wie unten abgebildet – auf dem Schirm siehst.

Abbildung 26:
Schritt 5 der Justageanleitung für ein Michelson-Interferometer: Einbau der Aufweitungslinse und Schlussjustage

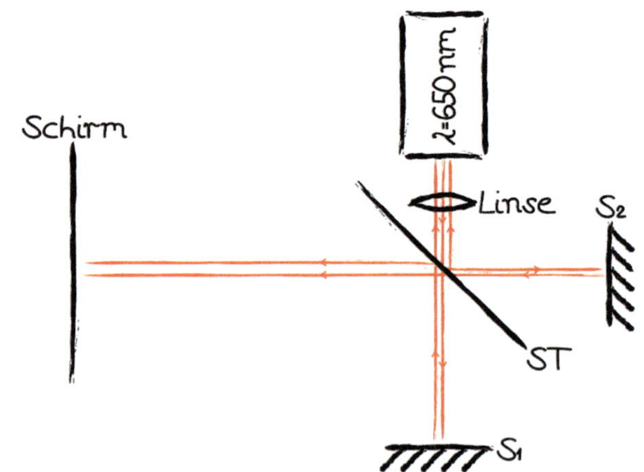

Abbildung 27:
Schemaskizze des Strahlenverlaufs im Michelson-Interferometer nach vollständigem Aufbau und Justage

Der Einbau der Linse sorgt für die Vergrößerung des Interferenzmusters und die Entstehung von **konzentrischen Ringen**. Die roten Ringe entstehen dabei durch die konstruktive Interferenz; die dunklen Ringe durch destruktive Interferenz.

Durch den Einbau der Linse in den Strahlengang wird die Divergenz der beiden Teilstrahlen erhöht. Die Wellenfronten der Laserwellen breiten sich damit kugelförmig ausgehend von der Linse aus. Im Querschnitt betrachtet (siehe Skizze unten) handelt es sich um gekrümmte Wellenfronten. Die Überlagerung der beiden gekrümmten Wellenfronten im Strahlteiler ist der Grund für die Entstehung konzentrischer Ringe: Da die optischen Weglängen in den beiden Teilstrahlen leicht unterschiedlich sind (wenige 10 Nanometer reichen), überlagern sich im Strahlteiler Lichtwellen mit unterschiedlichen Krümmungsradien. An unterschiedlichen Orten des Strahlprofils entstehen entlang der gekrümmten Wellenfrontfläche konstruktive und destruktive Interferenzen. Konstruktive Interferenz liegt vor, wenn die Wellenfronten ein Vielfaches der Wellenlänge auseinander liegen. Destruktive Interferenzen liegen dazwischen.

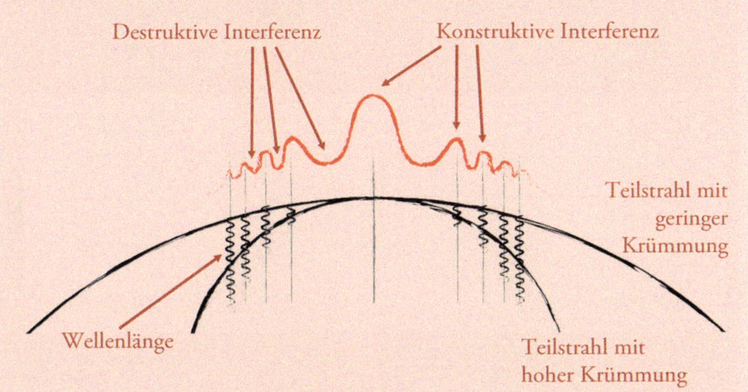

Würde man sich die Abbildung dreidimensional vorstellen, so entsteht das Interferenzmuster, welches du auf deinem Schirm sehen kannst.

Herzlichen Glückwunsch! Du hast dein Michelson-Interferometer erfolgreich aufgebaut und einjustiert.

Fehlerquellen

Wenn du bereits ein schönes Interferenzmuster mit konzentrischen Ringen sehen kannst, welches auch nicht viel wackelt, dann kannst du die nächsten beiden Seiten gerne überspringen. Solltest du jedoch ein paar Probleme haben, dann helfen dir die folgenden **3 Tipps für ein perfektes Interferenzmuster** bestimmt weiter. Bevor du dir jedoch die Tipps anschaust, achte darauf, dass du voll geladene Batterien oder Akkus verwendest.

Mit schwacher Batteriespannung sinkt die Kohärenzlänge

Achte darauf, dass die Batterien geladen sind. Denn obwohl der Laser noch Licht aussendet, hängt die Kohärenzlänge deutlich von der Batteriespannung ab. Die Kohärenzlänge von Lasern ist im Vergleich zu einer Glühlampe oder LED sehr groß und weist Werte im Bereich von Millimetern (Halbleiterlaser) bis Kilometern (Edelgaslaser) auf. Die Kohärenzlänge beschreibt den optischen Gangunterschied, den zwei Teilstrahlen maximal haben dürfen, um ein kontrastreiches Interferenzmuster zu erzeugen. In unserem Beispiel entspricht der optische Gangunterschied der Streckendifferenz $|2l_A - 2l_B|$.

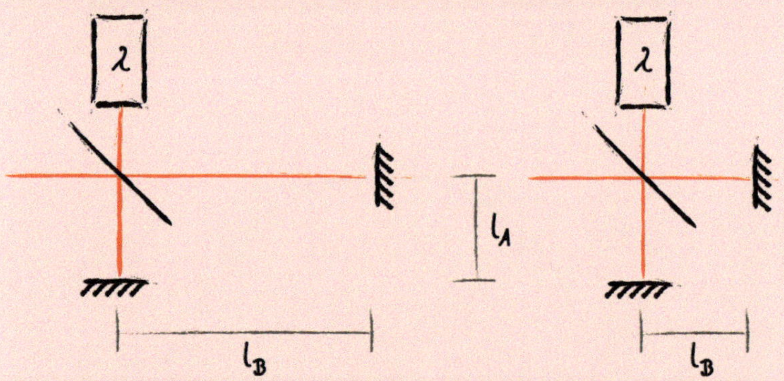

Du kannst also nur dann ein Interferenzmuster sehen, wenn deine beiden Teilstrahlen die Kohärenzlänge einhalten.

1. Tipp: Ein guter Untergrund ist die halbe Miete.
Du siehst ein Interferenzmuster, aber es wackelt zu sehr?

Das Michelson-Interferometer ist äußerst anfällig für Vibrationen. Deshalb ist es umso wichtiger, einen Untergrund zu finden, welcher möglichst wenig Vibrationen zulässt. Stelle das Breadboard am besten auf einen stabilen Tisch, welcher in einer vibrationsarmen Umgebung steht. Dazu gehört auch, dass du den Tisch nicht berührst oder durch den Raum läufst, wenn das Experiment funktionieren soll. Auch sollte jede Art von Luftzug vermieden werden.

Um die Stabilität deines Musters zu erhöhen, kannst du das Breadboard auf eine schwere Platte (z.B. aus Metall oder Stein) stellen, unter welcher sich eine zusätzlich dämpfende Schicht befindet (z.B. ein Fahrradschlauch oder Wellpappe).

2. Tipp: Die richtigen Positionen der Komponenten sind unverzichtbar.
Du siehst nur einen oder keine Punkte auf dem Beobachtungsschirm?

Schaue dir nochmal Schritt 1 bis Schritt 4 der Justage an. Sind deine Halter auf ihren richtigen Positionen? Wenn das nämlich nicht der Fall ist, kommt es an den Spiegeln nicht zur Reflexion und du hast keine zwei Teilstrahlen, die zum Schirm verlaufen.

3. Tipp: Die richtigen Einstellungen der Spiegelhalter sind unabdingbar.
Du siehst zwei große Punkte auf dem Schirm, aber keine Interferenz?

Wenn du Spiegel 1 so einstellst, dass er direkt in den Laser zurückgeht, dann ist dieser Teilstrahl parallel zum Boden und senkrecht zum LEGO® Raster ausgerichtet. Wenn du jetzt Spiegel S_2 am Schirm nach dem Punkt von Spiegel S_1 ausrichtest, hat Spiegel S_2 auch diese Eigenschaften. Dies ist wichtig, damit das Interferenzmuster zentriert ist. Nach dem Einsetzen der Linse kannst du die Justage noch verbessern bis du folgendes Bild siehst.

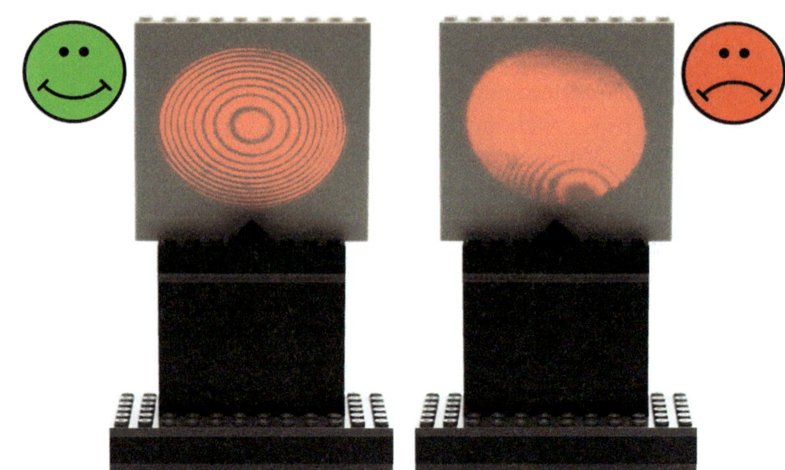

Abbildung 28: *Das ringförmige Interferenzmuster ist im linken Bild sehr gut zu erkennen und sehr gut justiert. Im rechten Bild sind zwar auch kreisförmige Interferenzstrukturen zu erkennen. Hier muss aber das Muster über Spiegel S_2 in die Mitte nachjustiert werden.*

Laser-Hack 9: Schrauben-Spiegelhalter bauen

Da das Michelson-Interferometer jetzt aufgebaut und justiert ist, zeige ich dir ein Experiment, bei dem du die thermische Ausdehnung einer Schraube messen kannst.

Für dieses Experiment werden folgende Materialien benötigt:

Anzahl	Artikelname	Art.-Nr.
1	Vorderflächen-Glasspiegel, 30x20mm	504.VFM
4	Technic Brick 1 x 4	3701
2	Plate 4 x 4	3031
10	Brick 2 x 4	3001
1	Sekunden Kleber	886514
1	Teelicht	
1	5,0 x 100mm Schraube	

Zuerst klebst du die Rückseite des Spiegels mit Sekundenkleber an den Kopf der Schraube.

Abbildung 29: *Vorderflächenspiegel inkl. verklebter Schraube*

Anschließend steckst du die LEGO®-Bausteine zusammen und drehst die Schraube in das mittlere Loch bis sie bündig mit der Hinterseite des Halters abschließt (siehe Abbildung 30).

Aufbau-Laser-Hack:

Schrauben-Spiegelhalter bauen

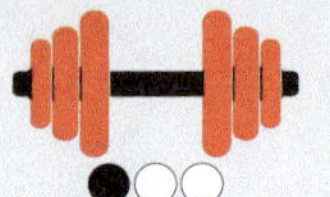

1

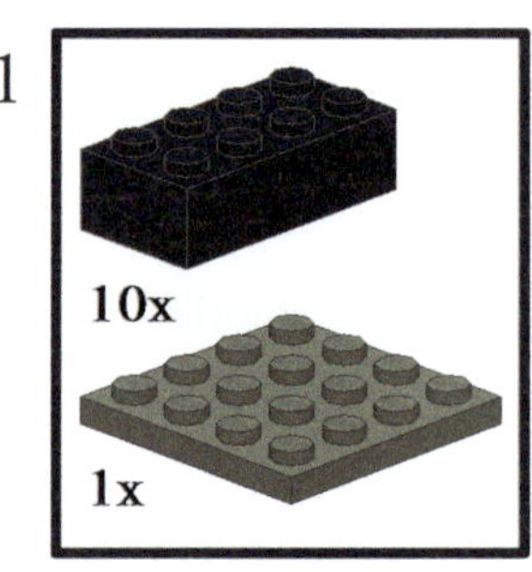

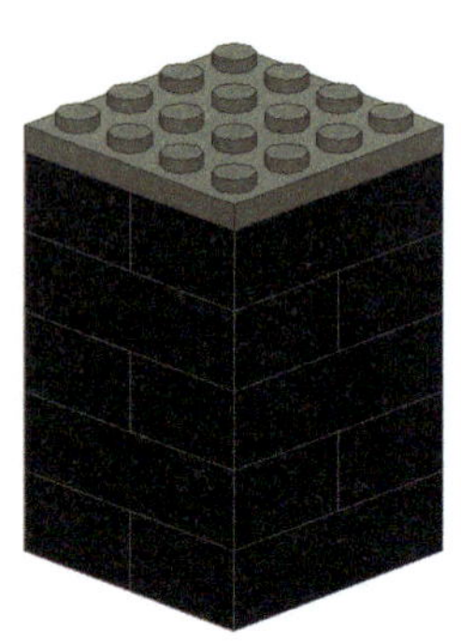

Abbildung 30: *Schrauben-Spiegelhalter aus LEGO®-Bausteinen inkl. Vorderflächenspiegel*

Im letzten Schritt tauschst du Spiegelhalter S_1 mit dem neu gebauten Schrauben-Spiegelhalter aus und justierst, falls nötig, mit Hilfe des Spiegelhalters S_2 das Interferenzmuster auf dem Beobachtungsschirm nach. Achte darauf, dass die Entfernungen der Spiegel zum Strahlteiler ungefähr gleich sind. Stelle jetzt noch die Kerze (ohne Flamme) unterhalb der Schraube auf und schon kann es mit dem Experimentieren losgehen.

Abbildung 31:
Aufbau des Experimentes »Thermische Ausdehnung«

Thermische Ausdehnung

Metallische Materialien, wie z.B. die Schraube, dehnen sich aus, wenn sie erwärmt werden. Wie stark sich ein Material ausdehnt, hängt von seinem Volumen und seinem Ausdehnungskoeffizienten ab.

Weitere Infos unter Demtröder (2013)

Laser-Hack 10: Thermische Ausdehnung messen

Du wirst gleich mit Hilfe der Kerze die Schraube erwärmen. Diese wird sich dadurch ausdehnen und den Spiegel (minimal) in Richtung des Strahlteilers bewegen. Die Folge: Der Weglängenunterschied der beiden Teilstrahlen im Interferometer ändert sich und die Ringe des Interferenzmusters bewegen sich von innen nach außen bzw. von außen nach innen. Wenn die Kerze gelöscht wird, passiert das Gegenteil. Die Schraube zieht sich wieder zusammen und die Ringe bewegen sich wieder. Diese Abkühlung dauert jedoch viel länger als die Erwärmung.

Es gibt also zwei Möglichkeiten die thermische Ausdehnung zu messen. Entweder zählst du die durchlaufenden Ringe (Ringe, die in der Mitte des Musters hinzukommen oder verschwinden) bei der Erwärmung oder bei der Abkühlung. Hierbei kannst du dir ruhig eine feste Zeit setzen, in der du die Ringe zählst.

Mit der Anzahl k der durchlaufenden Ringe kannst du nun berechnen, um wie viel Millimeter sich die Schraube ausgedehnt hat.

Abbildung 32:
Aufbau des Experimentes »Thermische Ausdehnung« inkl. Kerze

Betrachtet man die Überlagerung der beiden Teilstrahlen zu zwei verschiedenen Zeitpunkten, so kann man sich die Entstehung von Maxima (und Minima) erklären.

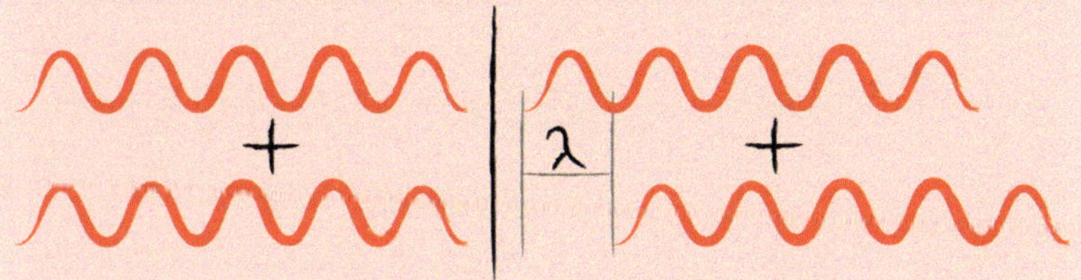

Zum ersten Zeitpunkt liegen die beiden Wellenzüge übereinander (Kerze aus). Zum zweiten Zeitpunkt hat sich der eine Teilstrahl um genau eine Wellenlänge zum anderen Teilstrahl bewegt, sodass wieder konstruktive Interferenz entsteht. Wenn also der **optische Gangunterschied Δs** zwischen den beiden Teilstrahlen ein Vielfaches der Wellenlänge ist, so entsteht konstruktive Interferenz.

$$\Delta s = k \cdot \lambda$$

Da der Teilstrahl des sich bewegenden Spiegels zweimal die Strecke Spiegel-Strahlteiler zurücklegt, hängt die zurückgelegte **Strecke des Spiegels d** mit den optischen Gangunterschied Δs wie folgt zusammen:

$$d = \frac{\Delta s}{2} = \frac{k \cdot \lambda}{2}$$

Beispielrechnung:

Ich habe bei der Erwärmung mit einer Kerze das Durchlaufen von 105 Ringen innerhalb von einer Minute gezählt. Da der Laser eine Wellenlänge von 650 nm aufweist, ergibt sich folgende Rechnung:

$$d = \frac{105 \cdot 650\ \text{nm}}{2} = 34125\ \text{nm} = 0{,}034125\ \text{mm}$$

Ergebnis: Die Schraube dehnt sich innerhalb der ersten Minute um 0,034 mm = 34 µm aus. Das entspricht in etwa der Dicke eines menschlichen Haares (ca. 20–80 µm).

Mit diesem Experiment habe ich dir gezeigt, wie Längenänderungen mit einem Michelson-Interferometer gemessen werden können. Die Genauigkeit der Messung entspricht dabei der halben Lichtwellenlänge. In meinem Fall also habe ich die Messung mit einer Genauigkeit von 325 nm = 0,325 µm durchgeführt. In Bezug auf den Unterschied zwischen hellen und dunklen Lichtringen im Interferenzmuster kann ich die Genauigkeit sogar noch verbessern. Hierbei halbiert sich der Wert auf 162,5 nm. Beeindruckend, nicht wahr?

Um eine solche – und noch höhere – Präzision in der Messtechnik zu erreichen, wird die Intensitätsänderung im Interferometer meist mit Laserleistungsmessgeräten automatisch erfasst. Dies ist bspw. Thema in einem unserer kommenden Bücher, in dem gezeigt wird, wie ein Laserleistungsmessgerät funktioniert und einfach nachgebaut werden kann.

Mach-Zehnder-Interferometer

Abbildung 33:
Foto des Mach-Zehnder-Interferometers aus einer Laserdiode, einfachen Optiken und LEGO®-Bausteinen

Das Mach-Zehnder-Interferometer ist das zweite Interferometer, mit dem ich mich beschäftigt habe und welches du mit Hilfe dieses Buches und den kommenden Laser-Hacks aufbauen kannst. Im Gegensatz zum Michelson-Interferometer werden die beiden aufgeteilten Teilstrahlen nicht im selben Strahlteiler wieder vereint, sondern in einem zweiten Strahlteiler. So gibt es zwei deutlich voneinander getrennte Lichtwege und zwei (hier: streifenförmige) Interferenzmuster.

Das Mach-Zehnder-Interferometer kann dazu genutzt werden, den Welle-Teilchen-Dualismus genauer zu untersuchen. Wird das Laserlicht im Teilchenbild (Photonen) betrachtet, kann die Frage gestellt werden, welchen Weg ein Lichtteilchen nach der Trennung im Strahlteiler nimmt. Genau diese Frage kannst du am Ende des Kapitels beantworten.

Ich habe das Mach-Zehnder-Interferometer so entwickelt, dass viele der bereits aufgebauten Komponenten des Michelson-Interferometers verwendet werden können. So brauchst du nur noch wenige neue Komponenten zu kaufen und aufzubauen: Einen zweiten Strahlteilerhalter und einen separaten Linsenhalter.

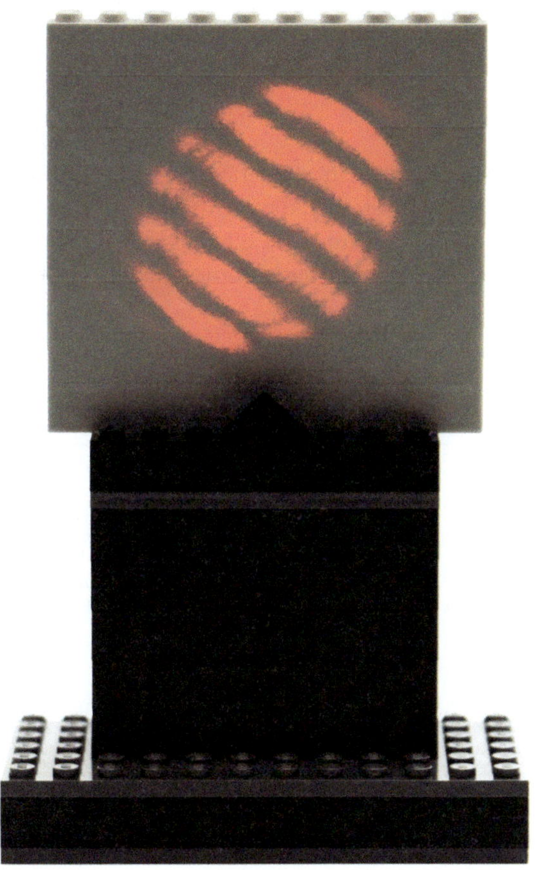

Abbildung 34: *Interferenzmuster auf dem Beobachtungsschirm von meinem Mach-Zehnder-Interferometer*

Laser-Hack 11: Justierbaren Strahlteilerhalter bauen

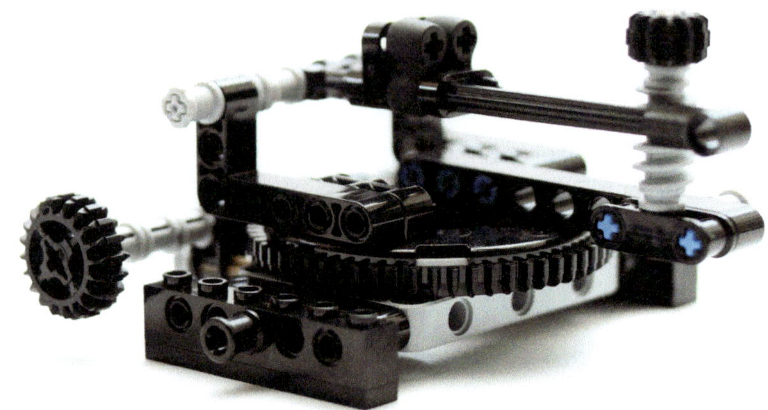

Abbildung 35:
Justierbarer Strahlteilerhalter aus LEGO®-Bausteinen

Wie bereits erwähnt, wird ein zweiter Strahlteiler benötigt. Das Besondere an diesem Halter ist, dass er in zwei Richtungen justierbar sein muss. Nur dadurch gelingt die Überlagerung der beiden Teilstrahlen vom zweiten Strahlteiler beginnend bis zum Beobachtungsschirm.

Für den Aufbau benötigst du folgende LEGO®-Bausteine:

Als Strahlteiler wird wieder ein teildurchlässiger Vorderflächen-Glasspiegel (Art.-Nr.: 511.TFG) verwendet, welchen du bei der Firma Edunikum kaufen kannst.

Anzahl	Artikelname	Art.-Nr.	Farbe
2	Plate 1 x 6	3666	Black
2	Technic Axle 3 with Stud	6587	Dark Tan
1	Technic Axle 4	3705	Black
1	Technic Axle 5 with Stop	15462	Dark Tan
1	Technic Axle 9	60485	Light Gray
2	Technic Axle 10	3737	Black
2	Technic Axle Joiner Double Flexible	45590	Black
3	Technic Axle Pin	43093	Blue
2	Technic Brick 1 x 6 with Holes	3894	Black
8	Technic Bush 1/2 Smooth	32123	Light Gray
9	Technic Bush	3713	Light Gray
2	Technic Cross Block 1 x 2 (Axle/Pin)	6536	Black

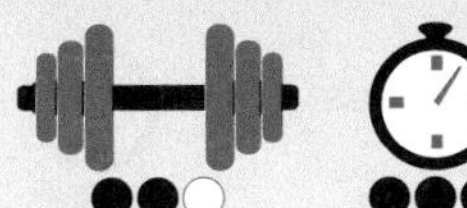

Anzahl	Artikelname	Art.-Nr.	Farbe
1	Technic Cross Block 1 x 3 (Axle/Pin/Axle)	32184	Black
1	Technic Gear 12 Tooth Double Bevel	32270	Black
1	Technic Gear 20 Tooth Double Bevel	32269	Black
4	Technic Liftarm 2 x 0.5 Liftarm	41677	Black
2	Technic Liftarm 3 x 5 Bent 90	32526	Black
2	Technic Liftarm 5	32316	Black
1	Technic Liftarm 5 x 0.5 Liftarm with Axle Holes at Both Ends	11478	Black
1	Technic Liftarm 7 x 5 with Open Center 5 x 3	64179	Light Gray
1	Technic Liftarm 9	40490	Black
7	Technic Pin	2780	Black
9	Technic Pin Long	6558	Blue
3	Technic Pin Long with Stop Bush	32054	Black
1	Technic Turntable Type 3 Base	18939	Light Gray
1	Technic Turntable Type 3 Top	18938	Black
2	Technic Worm Gear	4716	Light Gray

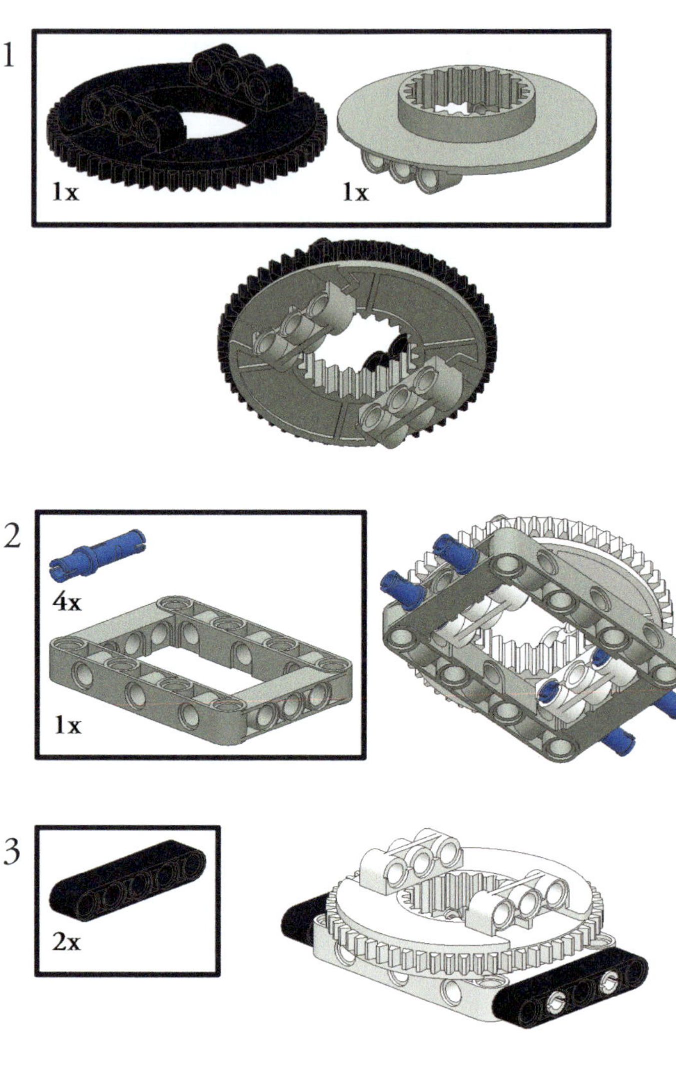

4

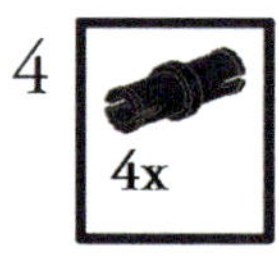

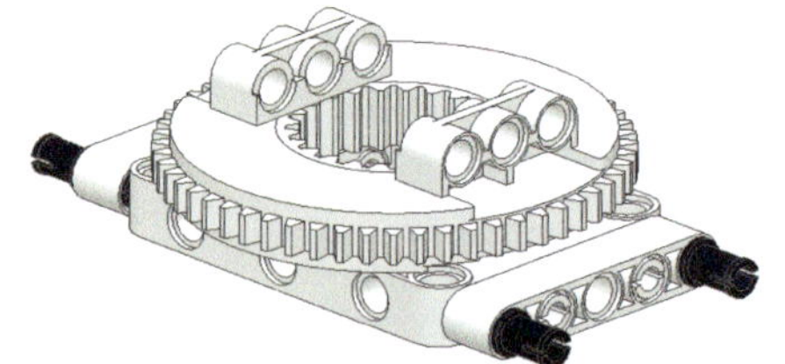

5

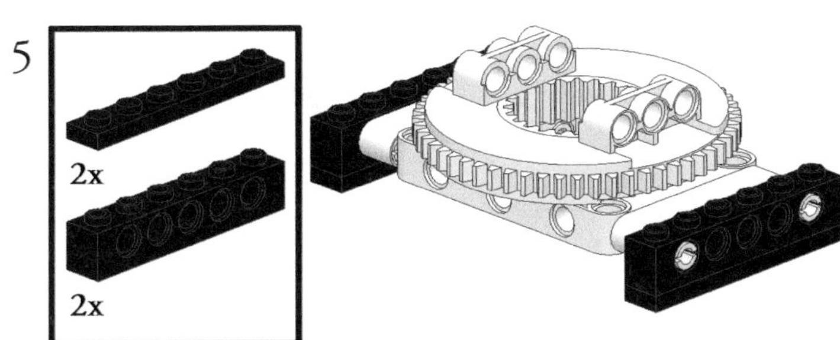

6

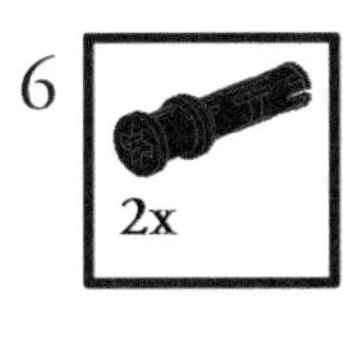

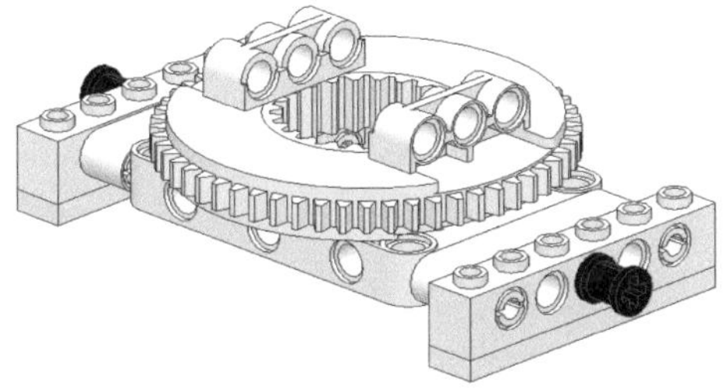

7

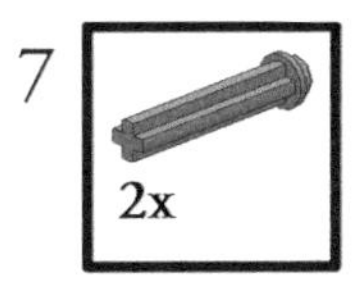

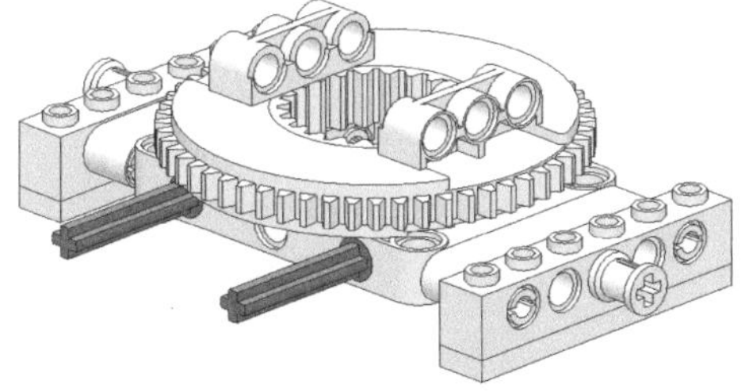

8

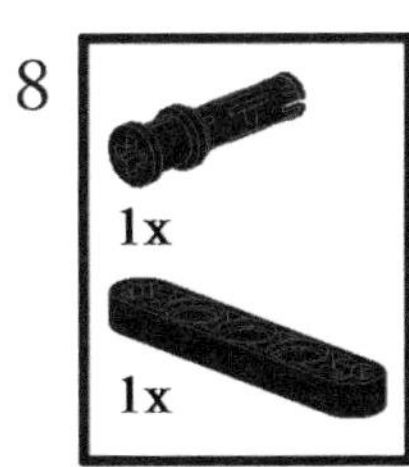

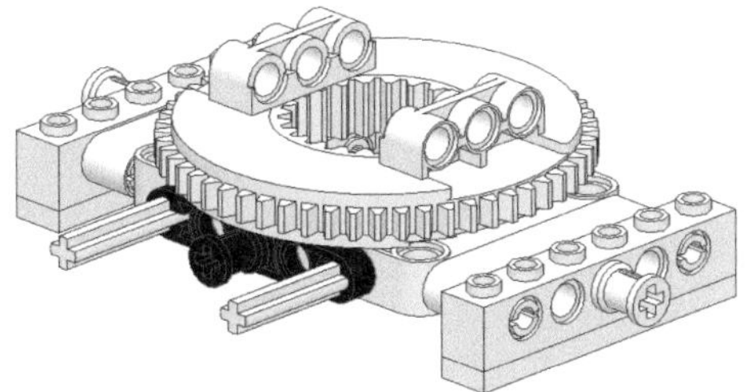

Ab diesen Bauschritt verfügt der Strahlteilerhalter über seine Drehfunktion.

Diese hat einen maximalen Drehwinkel von 360°. Eine Zahnradumdrehung entspricht dabei 5,8°. Du kannst eine Winkelgenauigkeit von unter 0,5° erreichen.

9

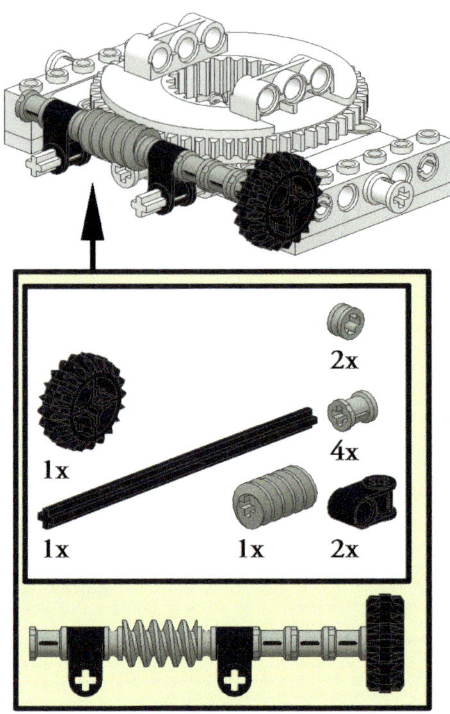

10

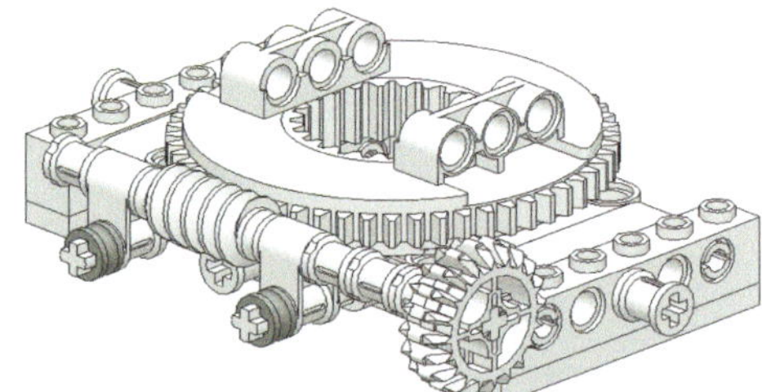

11
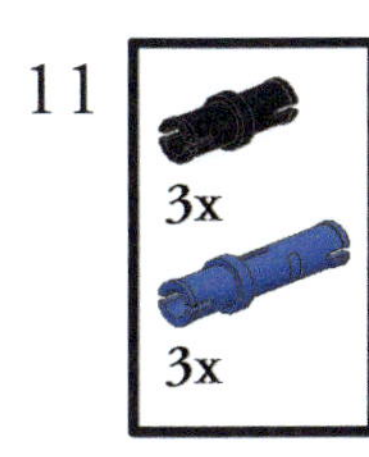

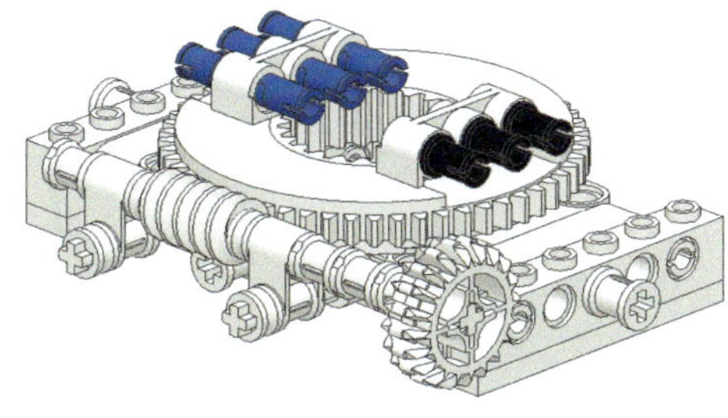

12
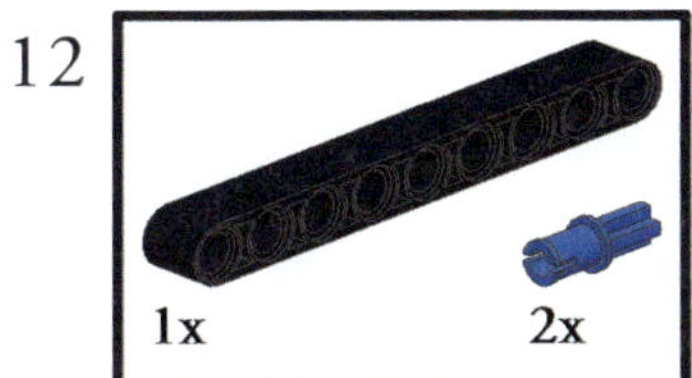

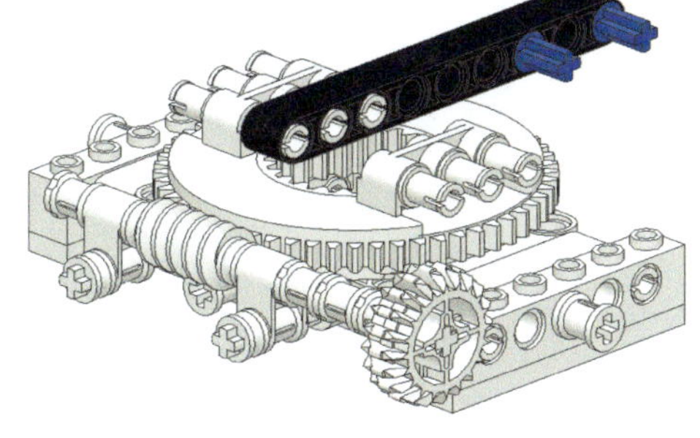

13

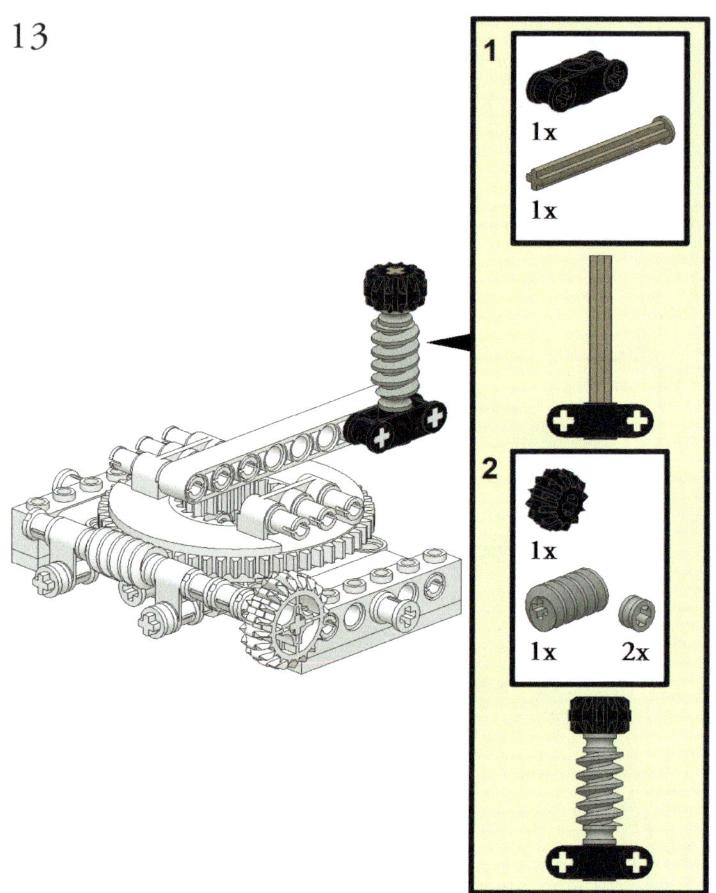

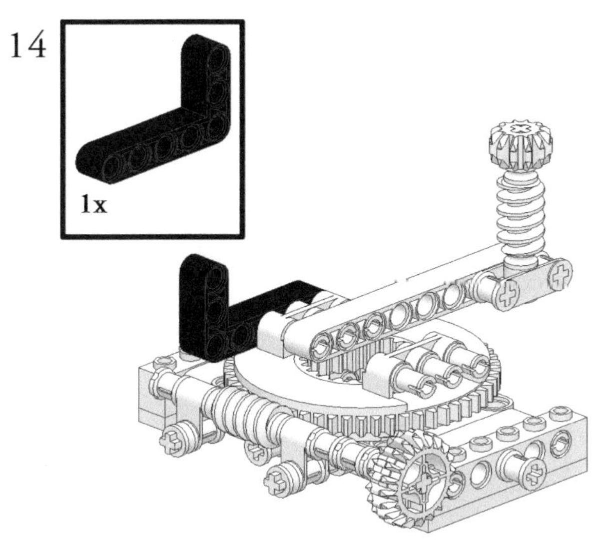
14
1x

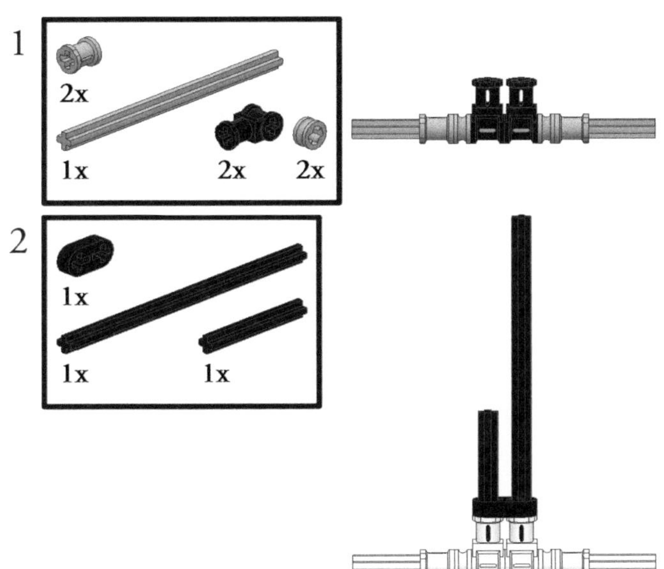
1
2x
1x
2x
2x
2
1x
1x
1x

3
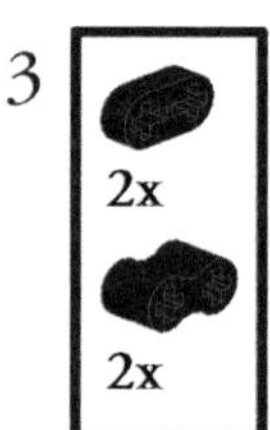

4
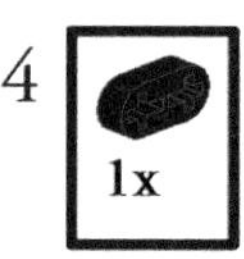

5
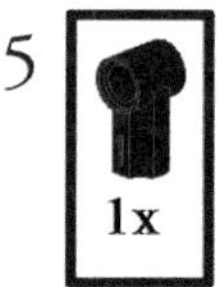

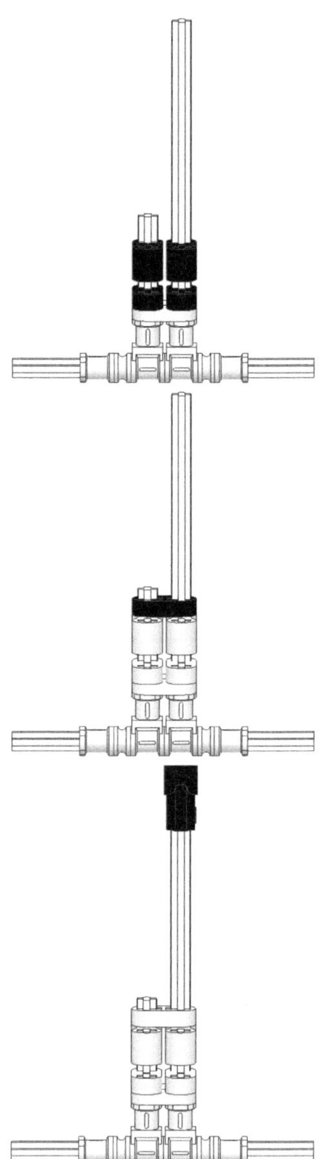

15

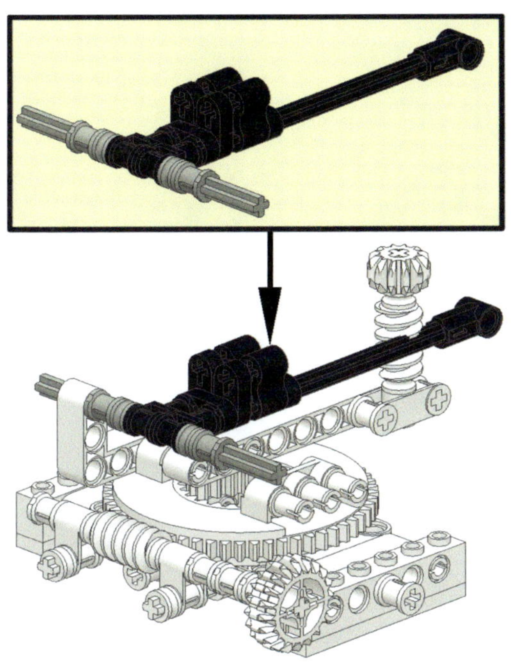

16

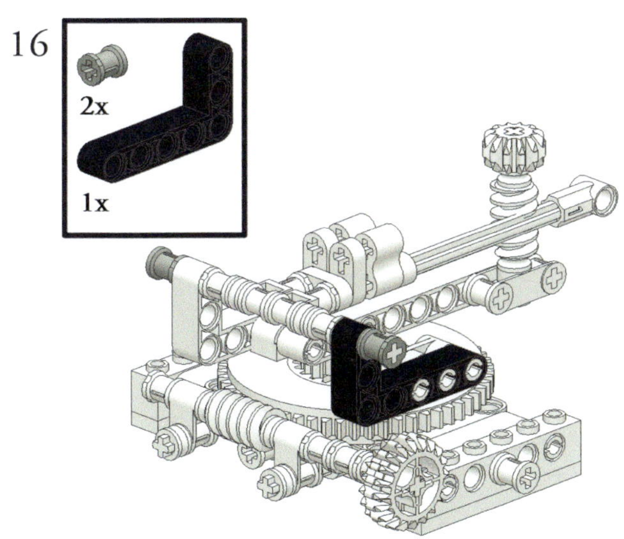

Ab diesen Bauschritt verfügt der Strahlteilerhalter über seine Kippfunktion.

Diese hat einen maximalen Neigungswinkel von 32°. Eine Zahnradumdrehung entspricht dabei 10°. Du kannst eine Winkelgenauigkeit von unter 1° erreichen.

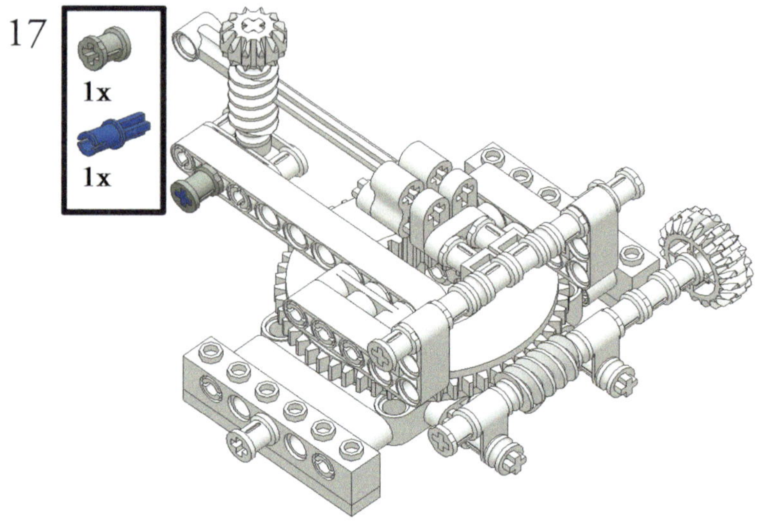

Im letzten Schritt musst du nur noch den Strahlteiler einsetzen. Hierzu klemmst du dieses Mal den Strahlteiler zwischen den beiden Gummisteinen und den beiden »Liftarm 1x2 thin« ein. Die Fotos zeigen den fertig aufgebauten, justierbaren Strahlteilerhalter. Zur Verbesserung der Stabilität kannst du wie bei den Spiegelhaltern noch zwei Gummiringe spannen.

Abbildung 36:
Foto des justierbaren Strahlteilerhalters mit Strahlteiler und Gummiringen (Frontansicht)

Abbildung 37:
Foto des justierbaren Strahlteilerhalters mit Strahlteiler und Gummiringen (Rückansicht)

Laser-Hack 12: Linsenhalter bauen

Abbildung 38:
Foto des Linsenhalters aus LEGO®-Bausteinen

Im Mach-Zehnder-Interferometer wird die Linse nicht direkt hinter der Laserdiode (Linse bitte ausbauen!), sondern erst nach dem zweiten Strahlteiler eingebaut. Aus diesem Grund wird ein zusätzlicher Linsenhalter benötigt.

Folgende LEGO®-Bausteine benötigst du für die Halterung:

Anzahl	Artikelname	Art.-Nr.	Farbe
4	Brick 1 x 4	3010	Black
1	Plate 1 x 4	3710	Dark Bluish Gray
2	Technic Axle 2 Notched	32062	Black
2	Technic Axle Joiner Double Flexible	45590	Black
2	Technic Brick 1 x 2 with Axle Hole	32064	Black

1

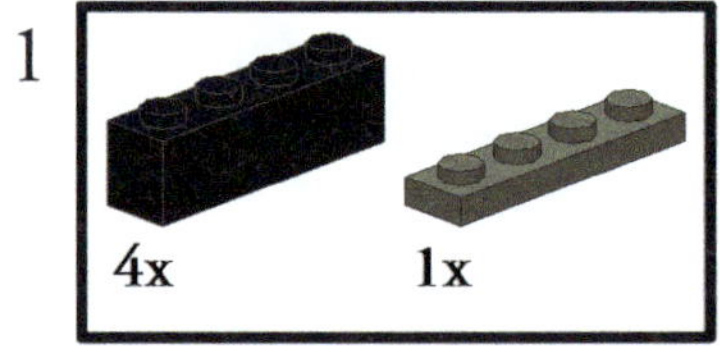

2

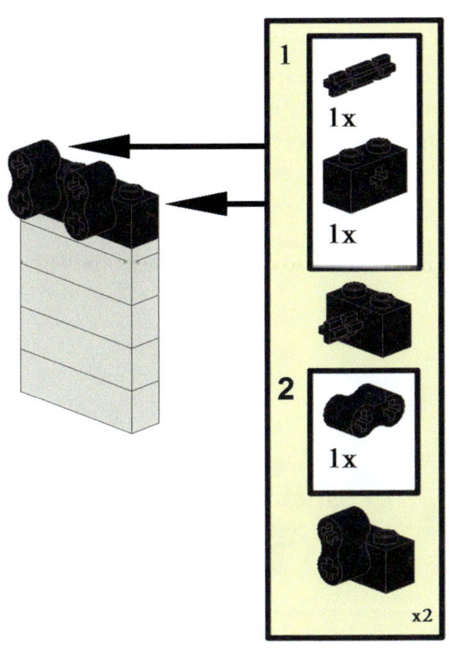

Setze nun die Linse aus dem Kombihalter zwischen die beiden Gummisteine. Achte darauf, dass die Linse gerade in der Halterung steht.

Abbildung 39: *Linsenhalter aus LEGO®-Bausteinen mit eingebauter Linse*

Laser-Hack 13: Mach-Zehnder-Interferometer justieren

In diesem Laser-Hack stehen Aufbau und Justage des Mach-Zehnder-Interferometers im Mittelpunkt. Hierfür benötigst du die neu aufgebauten Komponenten, die bereits vorhandenen Komponenten des Michelson-Interferometers (wie im Foto gezeigt) und das Breadboard.

Abbildung 40: *Kompletter Komponentensatz für Aufbau und Justage des Mach-Zehnder-Interferometers*

Die folgenden sechs Schritte zeigen dir am besten, wie du das Mach-Zehnder-Interferometer aufbauen und justieren kannst. Wie zuvor beginne ich bei der Lichtquelle.

Schritt 1: Lege das Breadboard mit der langen Seite zu dir gerichtet auf einen festen Untergrund oder Tisch. Rechts vom Breadboard benötigst du etwas Platz für die Aufstellung des Beobachtungsschirms. Setze den Kombihalter inkl. Laserdiode (aber ohne Linse) zusammen mit der Batterieboxhalterung inkl. Batteriebox auf das Breadboard auf, wie im Foto gezeigt. Auch hier habe ich zur richtigen Positionierung rote Markierungen in das Foto eingefügt.

Die Laserdiode sollte bei diesem Schritt aus laserschutztechnischen Gründen noch ausgeschaltet bleiben.

Abbildung 41:
Schritt 1 der Justageanleitung für ein Mach-Zehnder-Interferometer: Positionierung von Kombihalter mit Laserdiode

Schritt 2: Positioniere den ersten Strahlteilerhalter auf dem Breadboard, wie im Foto gezeigt. Achte auf die richtige Orientierung der Strahlteilerplatte: Der Laserstrahl soll so geteilt werden, dass der eine Teilstrahl nach rechts verläuft und der andere nach unten.

Abbildung 42:
Schritt 2 der Justageanleitung für ein Mach-Zehnder-Interferometer: Positionierung des ersten Strahlteilerhalters mit Ausrichtung der Strahlteilerplatte

Schritt 3: Setze nun beide Spiegelhalter auf das Breadboard auf. Positioniere die Spiegelhalter entsprechend der im Foto gezeigten roten Markierungen. Da im Falle des Mach-Zehnder-Interferometers die Spiegel die Aufgabe haben, die Strahlen um 90° umzulenken, müssen beide in Bezug auf die Grundplatte um etwa 45° gedreht werden (untere Stellschraube). Es reicht, wenn du das grob und nach Augenmaß einjustierst; die präzise Ausrichtung der beiden Spiegel erfolgt in den nächsten Schritten, wenn die Laserdiode eingeschaltet ist. Die Verkippung des Spiegels um die zweite Achse brauchst du noch nicht zu beachten.

Abbildung 43: *Schritt 3 der Justageanleitung für ein Mach-Zehnder-Interferometer: Aufbau der beiden Umlenkspiegel, die diesmal mit einem Winkel von ca. 45° zu den Seiten der Grundplatte verdreht sind.*

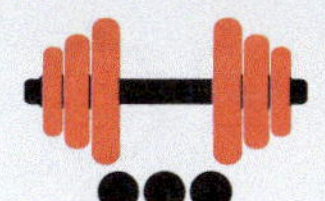

Schritt 4: Nun musst du den neu aufgebauten, justierbaren Strahlteilerhalter so positionieren, dass die beiden Teilstrahlen in der Strahlteilerplatte überlagert werden können. Stelle dazu den Halter entsprechend der Markierungen auf (siehe Foto). Damit die Strahlen richtig überlagert werden können, drehst du solange an der Stellschraube bis die Platte unter 45° (grob, nach Augenmaß) zur Grundplatte ausgerichtet ist. Achte erneut auf die Orientierung des Strahlteilers. Alle Optiken sollten nun parallel zueinander sein.

Abbildung 44:
Schritt 4 der Justageanleitung für ein Mach-Zehnder-Interferometer: Positionierung des justierbaren Strahlteilerhalters

Schritt 5: Jetzt wird justiert: Stelle hierzu den Beobachtungsschirm rechts vom Breadboard auf Höhe des justierbaren Strahlteilerhalters. Die Laserstrahlen und das Interferenzmuster sollen hierauf später zu sehen sein. Beim Mach-Zehnder-Interferometer gibt es automatisch noch eine zweite Richtung, in der die Interferenz beobachtet werden kann. Hierbei verlaufen zwei weitere Teilstrahlen vom zweiten Strahlteiler nach unten auf dich zu. Diese Teilstrahlen benötigen wir nicht; aus laserschutztechnischen Gründen solltest du diese Laserstrahlen blockieren.

Als Blocker kannst du z.B. ein paar schwarze LEGO®-Bausteine verwenden.

Tipp
Verwende ein Stück transparentes Papier, um die Sichtbarkeit der Überlagerung im zweiten Strahlteiler zu erhöhen.

Schalte jetzt die Laserdiode ein. Der Laserstrahl wird zunächst am ersten Strahlteiler geteilt; die Teilstrahlen fallen automatisch auf die beiden Spiegel und sollten diese mittig treffen (ansonsten bitte die Position der Komponenten überprüfen). Beginne mit der Justage der beiden Teilstrahlen auf den zweiten, justierbaren Strahlteiler. Hierzu stellst du einen Spiegel nach dem anderen ein, d.h. zunächst verstellst du den Spiegelhalter S_1 so, dass der Laserstrahl möglichst mittig auf die Strahlteilerplatte fällt. Dann justierst du den zweiten Spiegelhalter S_2 so, dass sich die Strahlen auf der Strahlteilerplatte überlagern.

Als letztes verschiebst du den Beobachtungsschirm um ungefähr 1 m nach rechts. Beide Teilstrahlen sollten als Laserpunkte sichtbar sein. Mit Hilfe des justierbaren Strahlteilerhalters musst du nun die beiden Laserpunkte auf dem Schirm überlagern. Vorsicht: Nicht die Spiegelhalter justieren; ansonsten musst du einen Schritt zurück gehen.

Die folgende Skizze zeigt dir schematisch den Strahlverlauf des fertig aufgebauten Interferometers.

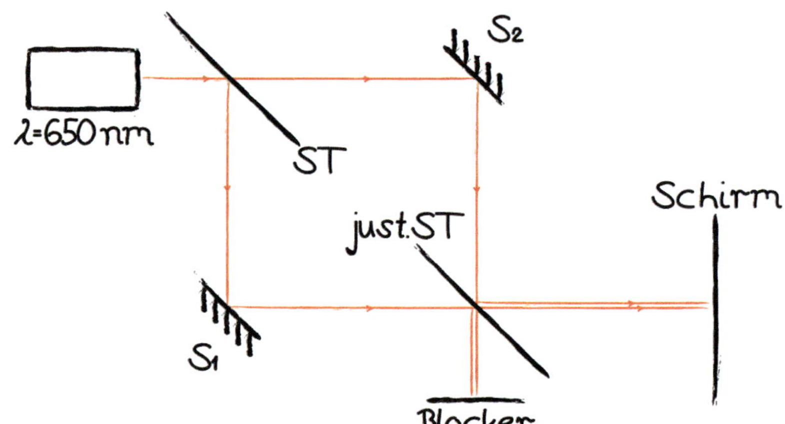

Abbildung 45:
Schemaskizze des Strahlenverlaufs im Mach-Zehnder-Interferometer

Schritt 6: Positioniere nun den Linsenhalter auf dem Breadboard, wie es das Foto unten zeigt. Mit der Linse erreichst du eine Vergrößerung der überlagerten Laserstrahlen und du solltest das Interferenzmuster sehen. Nun kannst du den Schirm wieder näher an das Breadboard heranstellen.

Abbildung 46:
Schritt 6 der Justageanleitung für ein Mach-Zehnder-Interferometer: Einbau der Aufweitungslinse am Ausgang des Interferometers

Der Strahlengang des fertig gestellten Mach-Zehnder-Interferometers sollte nun entsprechend der Skizze verlaufen. Wenn kein Interferenzmuster erkennbar ist, kannst du mit dem skizzierten Strahlenverlauf überprüfen, ob Komponenten ggf. fehlerhaft eingebaut sind.

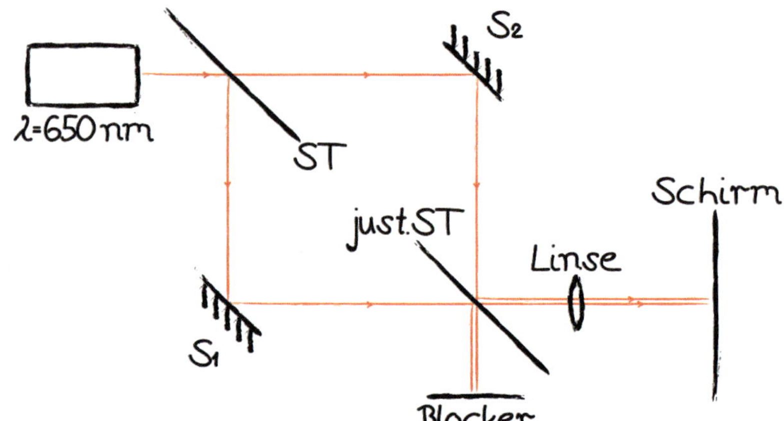

Abbildung 47: *Schemaskizze des Strahlenverlaufs im Mach-Zehnder-Interferometer mit Aufweitungslinse*

Im folgenden Foto ist abschließend das fertig gestellte Mach-Zehnder-Interferometer mit Beobachtungsschirm dargestellt. Das Lupenbild zeigt dir exemplarisch, wie mein Interferenzmuster ausgesehen hat.

Abbildung 48: *Foto des fertig gestellten Mach-Zehnder-Interferometers mit Beobachtungsschirm. In der Lupe ist ein Foto meines Interferenzmusters eingefügt.*

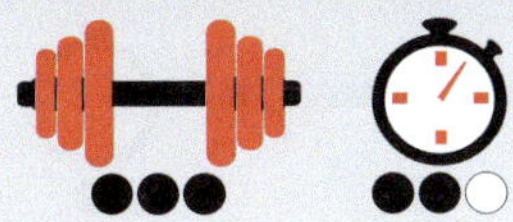

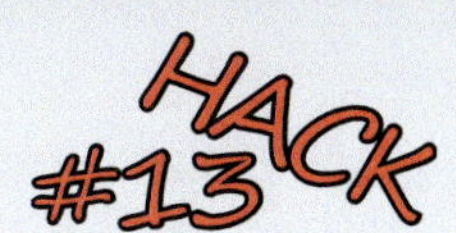

Fehlerquellen

1. & 2. Tipp:

Solltest du kein Interferenzmuster sehen können, dann schau dir nochmal die Tipps 1 und 2 vom Michelson-Interferometer an (Seite 80). Diese kannst du genauso für das Mach-Zehnder-Interferometer anwenden.

3. Tipp: Die richtigen Einstellungen der Spiegelhalter sind unabdingbar.

Du siehst zwei große Punkte auf dem Schirm, aber keine Interferenz?

Vermutlich hast du die Justage-Reihenfolge nicht ganz eingehalten. Die Teilstrahlen müssen sich sowohl im zweiten Strahlteiler als auch auf dem Schirm überlagern. Dies passiert nur, wenn du zuerst die Teilstrahlen am Ort des Strahlteilers (möglichst) exakt überlagerst und dann mit Hilfe des justierbaren Strahlteilerhalters die Punkte auf dem Schirm überlagerst. Diese Schritte solltest du unbedingt ohne Linse durchführen und nach dem Einsetzen der Linse auch nicht wiederholen.

Laser-Hack 14: Polfilterhalter bauen

Bevor es mit dem Experiment zum Mach-Zehnder-Interferometer losgeht, musst du noch ein paar Vorbereitungen durchführen. Es werden unterschiedlich ausgerichtete Polarisationsfilter (kurz: Polfilter) benötigt. Mit einem Polfilter kann die Polarisationsrichtung einer linear polarisierten Lichtwelle überprüft bzw. kann linear polarisiertes Licht aus einer natürlichen Lichtquelle ausgefiltert werden.

Eine Lichtwelle bezeichnet man als **linear polarisiert**, wenn die Lichtwelle in nur einer Ebene, senkrecht zur Ausbreitungsrichtung, schwingt. Bei Laserlichtquellen ist das häufig der Fall.

Ein Polarisationsfilter lässt nur eine Schwingungsebene transmittieren (passieren); bzw. er filtert aus natürlichem Lichte genau eine Schwingungsebene heraus.

Folgende Materialien und LEGO®-Bausteine werden für den Aufbau von vier Polfilterhaltern benötigt:

Die Polarisationsfilterfolie habe ich beim Online-Shop Polfilter24 gekauft.

Anzahl	Artikelname	Art.-Nr.
1	100x100mm² Polfilterfolie	120548
8	1x2 Brick	3004
4	2x2 Plate	3022
16	2x2 Brick	3003

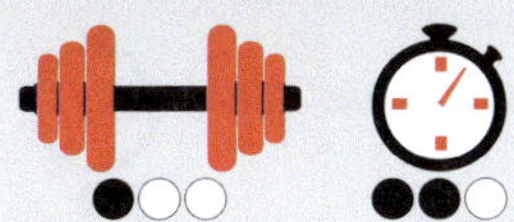

Die angegebene Folie ist 100 mm x 100 mm groß. Benötigt werden vier Polarisationsfilterfolien, von denen zwei unter 0°, eine unter 90° und eine unter 45° in Bezug zur Vorzugsrichtung der Polarisationsfolie geschnitten werden muss. Die Vorzugsrichtung der Folie ist markiert.

Die unten gezeigte Schablone soll dir dabei als Schnittmuster dienen: Zuerst legst du die Polfilterfolie auf und zeichnest dann die roten Linien und die Grad-Zahlen mit einem wasserfesten Stift auf die Folie. Der große Pfeil gibt dir die 0° Polarisation an, der auch auf deiner Folie zu finden sein sollte. Schneide nun die vier Polfilterstücke aus.

100mm

POL

100mm

45°

90°

0°

0°

Jetzt baust du aus den LEGO®-Bausteinen vier baugleiche Halterungen für die Polfilterstücke entsprechend der unten gezeigten Anleitung. Jeden Polfilter steckst du anschließend zwischen die oberen beiden LEGO®-Bausteine eines Halters. Achte darauf, dass die Grad-Zahl immer unten rechts ist.

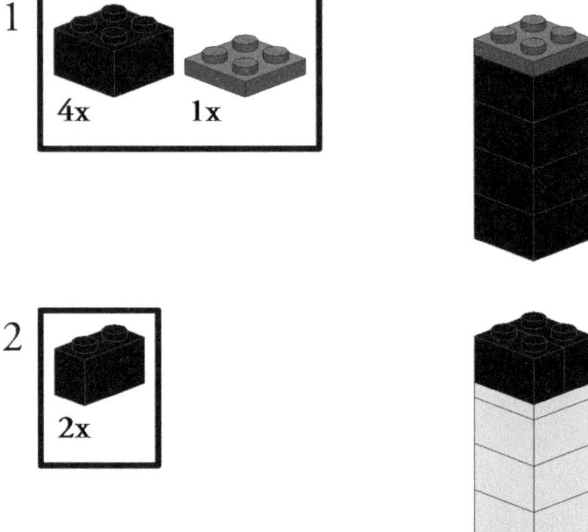

Abbildung 49:
Polfilterhalter aus LEGO®-Bausteinen inkl. Polfilterfolie

Laser-Hack 15: Photonen markieren und radieren

Das folgende Experiment ist ein qualitatives Experiment und wird häufig auch »Welcher-Weg«-Experiment oder »Quantenradierer« genannt. Im Gegensatz zum (quantitativen) Experiment aus Laser-Hack 10 (»Thermische Ausdehnung messen«, ab Seite 86) werden keine Messwerte aufgenommen. Es kommt vielmehr auf die Beobachtung eines besonderen Phänomens und der damit verbundenen Diskussion an. Das Experiment führe ich in drei Schritten aus:

Für das Experiment ist es ratsam, in einem dunklen Raum zu arbeiten, da das Interferenzmuster durch die Polfilter um mehr als die Hälfte abgeschwächt wird.

Schritt 1: Positioniere beide 0°-Polfilter in den Strahlengang des Mach-Zehnder-Interferometers, wie auf dem Foto gezeigt. Die Polfilter werden in beide Strahlengänge nach der Aufteilung durch den ersten Strahlteiler eingefügt.

Sollte es passieren, dass du nach Schritt 1 oder Schritt 2 kein Bild mehr auf dem Schirm siehst, drehe die Laserdiode um 45° in ihrer Halterung.

Grund dafür ist die Polarisation deines Lasers.

Eine genaue Einstellung der Laserdiode findest du auf unserer Webseite.

Abbildung 50: *Schritt 1 des Experimentes »Photonen markieren und radieren«: Einbau der beiden Polfilter*

Schalte den Laser ein. Er sollte nun durch beide Polfilter hindurchstrahlen. Auf dem Schirm solltest du weiter das Interferenzmuster sehen.

Schritt 2: Tausche nun einen der beiden 0°-Polfilter durch den 90°-Polfilter aus. Aus laserschutztechnischen Gründen solltest du die Laserdiode während des Aus- und Einbaus ausschalten. Was kannst du auf dem Schirm beobachten? – Das Interferenzmuster verschwindet!

Das Laserlicht im Interferometer kann auch aus einer Vielzahl einzelner Lichtteilchen, sogenannter Photonen, beschrieben werden. In diesem Modell hat jedes Photon am ersten Strahlteiler eine Wahrscheinlichkeit von 50%, einen der beiden Wege durch das Interferometer zu durchlaufen. Mit Hilfe von Polarisationsfiltern werden die Photonen über ihren Polarisationszustand »markiert«.

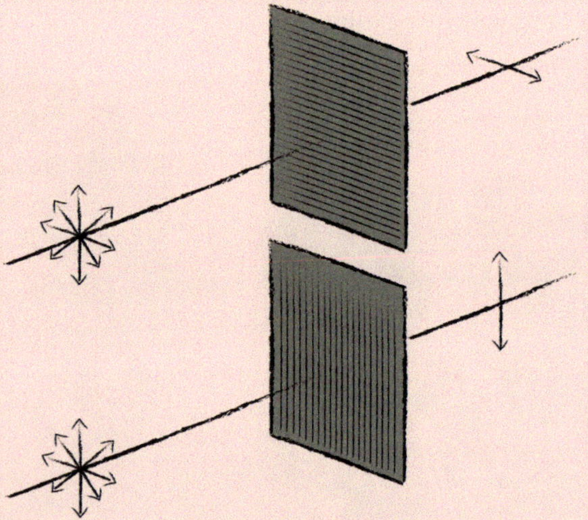

Stehen die Filter in den Wegen A und B jeweils auf 0°, so sind die Photonen bei der Zusammenführung im zweiten Strahlteiler nicht zu unterscheiden – das Interferenzmuster bleibt erhalten. Sind die Filter jedoch senkrecht zueinander (0° und 90°) ausgerichtet, ist nachweisbar, welchen Weg ein einzelnes Photon durchlaufen hat. Das Photon besitzt somit eine »Welcher-Weg«-Information und das Interferenzmuster verschwindet.

Es gilt: Bei Quantenobjekten schließen sich Unterscheidbarkeit und Interferenz aus. Der Umstand, dass sich bei Quantenobjekten gewisse Kenntnisse gegenseitig ausschließen, nennt man das Prinzip der **Komplementarität.**

Schritt 3: Positioniere jetzt deinen 45°-Polfilter direkt hinter der Linse, wie auf dem Foto gezeigt. Auf dem Beobachtungsschirm sollte das Interferenzmuster nun wieder erscheinen!

Verblüffend, nicht wahr?

Abbildung 51:
Schritt 3 des Experimentes »Photonen markieren und radieren«: Durch Einbau des 45°-Polfilters wird das Interferenzmuster wieder sichtbar.

Die Weg-Informationen der Photonen werden durch den 45°-Polfilter wieder aufgehoben.

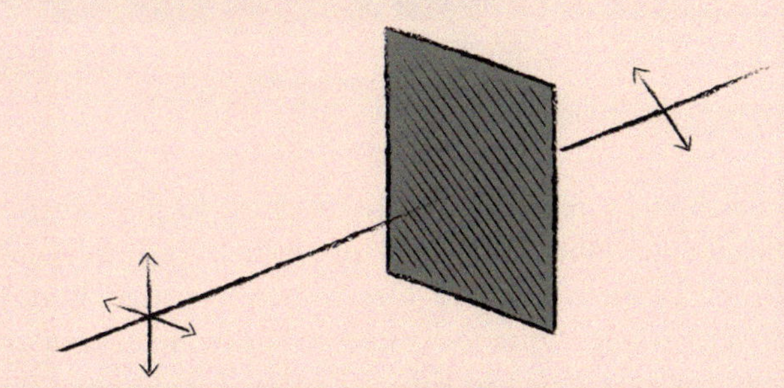

Da die Weg-Informationen durch den »Quantenradierer« (der 45°-Polfilter) »wegradiert« wurden, erscheint das Interferenzmuster nach dem Prinzip der Komplementarität wieder.

Next-Level-Interferometer

Du hast in diesem Buch nun zwei Interferometer mit jeweils einer Anwendung kennengelernt. Damit hast du dir viele Grundlagen zu Interferometern angeeignet und weißt, wie Interferometer aufgebaut und justiert werden. Das soll es aber noch nicht gewesen sein. Im Folgenden zeige ich dir weitere Experimente und Beispiele von Aufbauten, die mit dem Michelson-Interferometer realisiert werden können. Hol dir so viele Anregungen, wie du möchtest, und experimentiere weiter!

Laser-Hack 16: Michelson-Interferometer mit zwei Linsen

Abbildung 52:
Michelson-Interferometer aus LEGO®-Bausteinen mit zwei Linsen und drei Spiegeln (Quelle: Universität Osnabrück, Forschungsgruppe (FG) Ultrakurzzeitphysik)

Hier sind gleich mehrere Unterschiede zu sehen. Es gibt einen dritten Spiegelhalter (oben), welcher eine zusätzliche Einstellmöglichkeit für den Laserstrahl bietet. Des Weiteren wird nicht nur eine, sondern es werden zwei Linsen verwendet. Die beiden Eigenschaften der einzelnen Linsen werden so aufgeteilt: Die linke Linse 1 ($f < 100$ mm) sorgt für die Aufweitung und die rechte Linse 2 (100 mm $< f < 200$ mm) für die konzentrischen Ringe.

Würde man in diesem Aufbau die rechte Linse entfernen, so hätte man ein streifenförmiges Interferenzmuster, wie beim Mach-Zehnder-Interferometer.

Das eigentlich Besondere an diesem Aufbau ist jedoch, dass es unser erster Aufbau eines Michelson-Interferometers aus LEGO®-Bausteinen ist. Er wurde 2013 in einer Bachelorarbeit an der Universität Osnabrück entwickelt und gilt als Grundstein für das Projekt myphotonics.eu.

Zahlreiche weitere Informationen und Videos zu diesem Aufbau und weitere Aufbauten des Projektteams findest du auf www.myphotonics.eu.

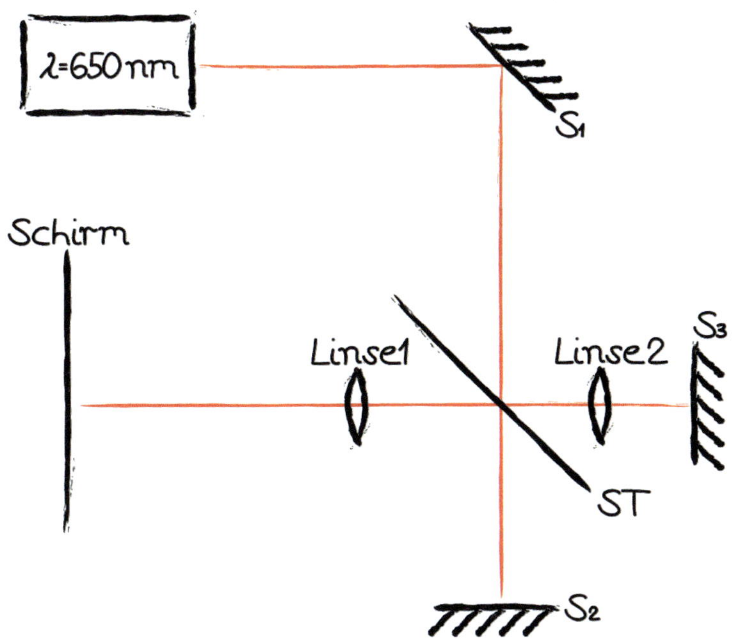

Abbildung 53: *Schemaskizze des Strahlenverlaufs im Michelson-Interferometer mit zwei Linsen und drei Spiegeln*

Laser-Hack 17: Alternatives Breadboard

Abbildung 54: *Michelson-Interferometer mit zwei Linsen (links), alternatives Breadboard (rechts) (Quelle: Universität Osnabrück, FG Didaktik der Physik)*

Die Bilder zeigen ein Michelson-Interferometer mit zwei Linsen und einem unserer ersten Spiegelhalter, den wir im Projekt myphotonics.eu »Typ 1« nennen. Das Besondere an diesem Aufbau ist das alternative Breadboard. Hierbei wurden zwei LEGO®-Grundplatten auf eine Holzplatte geklebt und darunter Schaumstoffwürfel gelegt. Diese Konstruktion zeigt hinsichtlich der Dämpfungseigenschaften und mechanischen Stabilität kaum Unterschiede zu einem Breadboard komplett aus LEGO®-Bausteinen mit Bienenwabenstruktur.

Laser-Hack 18: Leistung messen

Abbildung 55: *Michelson-Interferometer inkl. Leistungsmessgerät (links), Messkopf eines Leistungsmessgerätes aus LEGO®-Bausteinen (oben rechts) (Quelle: Universität Osnabrück, FG Ultrakurzzeitphysik)*

Dieses Michelson-Interferometer besitzt anstelle des Schirms ein Leistungsmessgerät inklusive Messkopf. Das Leistungsmessgerät und weitere photometrische Komponenten aus dem Bereich der Lichtmesstechnik werden im Buch »Lasermessgeräte zum Selberbauen« dieser Buchreihe thematisiert.

Wird das Zentrum des Interferenzmusters in die Mitte des Messkopfes justiert, so kann mit Hilfe einer PC-Ansteuerung die Lichtleistung im Zentrum des Interferenzmusters als Funktion der Zeit gemessen und aufgetragen werden, wie es in Abbildung 56 gezeigt ist. Mit einer solchen Langzeitmessung kannst du die Stabilität deines Interferometers quantitativ vermessen. Ich persönlich finde besonders spannend, dass ich damit Schwingungen im Erdboden vermessen kann, die bspw. durch vorbeifahrende Straßenbahnen oder LKWs verursacht werden.

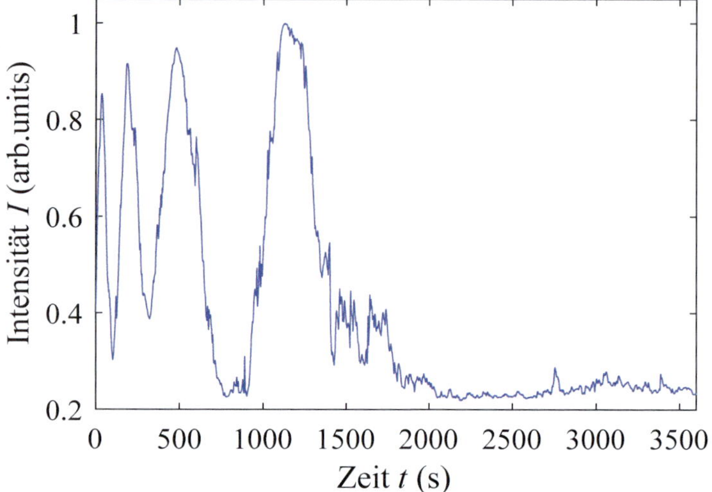

Abbildung 56: *60-minütige Messung der Lichtleistung im Zentrum meines Interferenzmusters*

Die in Abbildung 56 gezeigten Oszillationen des Messsignals entstanden übrigens durch den mechanischen Drift (kleinste Bewegungen im Spiegelhalter) in meinem Interferometer.

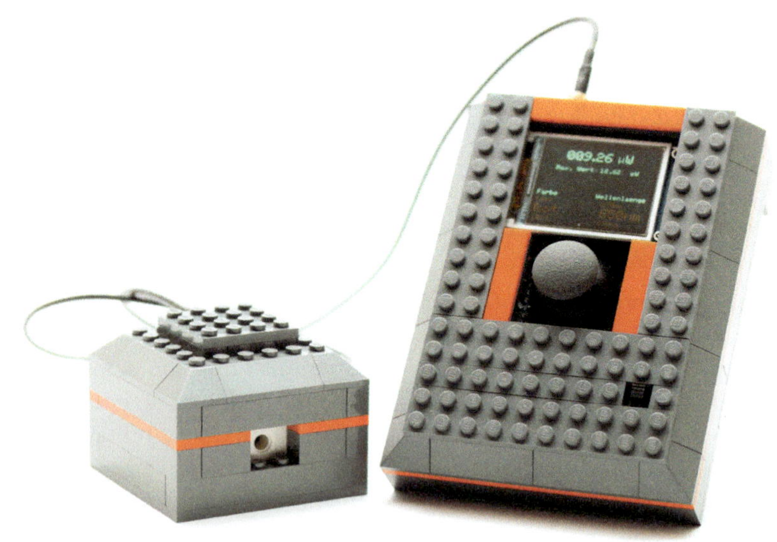

Abbildung 57: *Leistungsmessgerät aus LEGO®-Bausteinen, entwickelt in Koorperation mit der Abteilung für Elektro- und Informationstechnik (Fachhochschule Südwestfalen) (Quelle: Universität Osnabrück, FG Ultrakurzzeitphysik)*

Laser-Hack 19: Motorisierter Spiegel

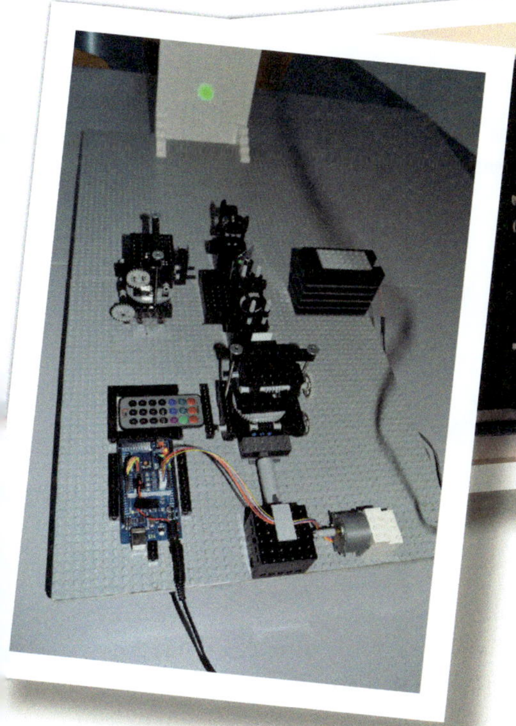

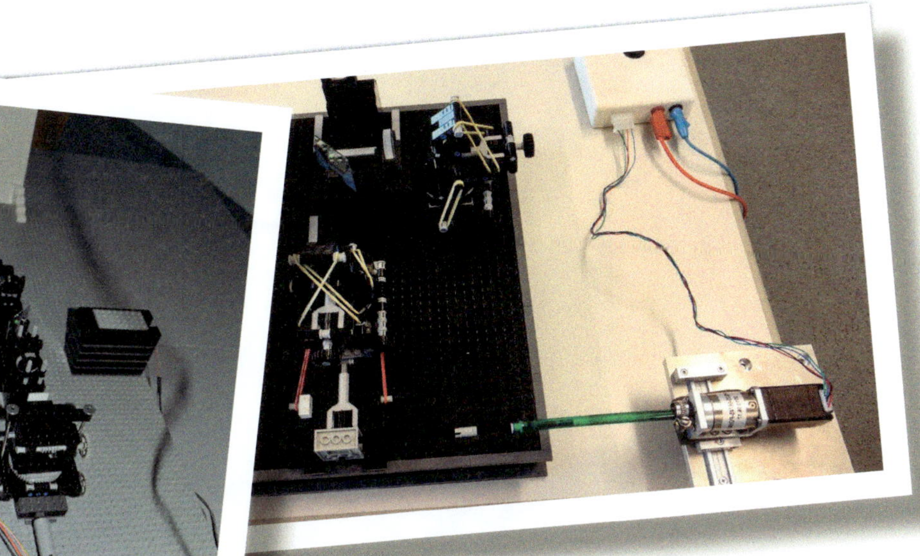

Abbildung 58:
Michelson-Interferometer inkl. motorisiertem Verschiebetisch (Quellen: Energie-, Bildungs- und Erlebniszentrum Aurich(links), Fachhochschule Südwestfalen, Abteilung für Elektro- und Informationstechnik (rechts))

Diese Abbildungen zeigen die Möglichkeit, die Position eines Spiegels und somit den optischen Weg von einem der beiden Teilstrahlen gezielt zu verändern. Beide Interferometer verwenden hierfür einen Motor und eine aus LEGO®-Bausteinen aufgebaute Schiebeeinheit, um den kompletten Spiegelhalter in Richtung Strahlteiler zu bewegen. Der Spiegelhalter liegt dabei auf einer Schiebefläche und wird nur seitlich gehalten. Beachte, dass die Weglängenänderung nur im Bereich von der halben Wellenlänge ausreichend ist, um ein Laufen der Ringe im Interferenzmuster sichtbar zu machen.

Abbildung 59: *Spiegelhalter Typ 1 inkl. Piezo-Motor (Quelle: Hölty-Gymnasium Celle)*

In dieser Aufbauvariante wurde ebenfalls angestrebt, die Weglängenänderung durch eine mechanische Verrückung des Vorderflächenspiegels zu erreichen. Hierbei wird allerdings nicht der gesamte Spiegelhalter, sondern nur der Vorderflächenspiegel verstellt, der auf einem Piezo-Motor aufgeklebt wurde. Die Ansteuerung durch einen Arduino-Mikrocontroller ermöglicht eine lineare Spiegelverstellung unterhalb von 100 nm und damit eine sehr präzise Kontrolle des Interferenzmusters.

Diesen Aufbau kann man sehr gut erweitern, um den thermischen Drift des Interferometers zu kompensieren. Hierzu muss die Lichtleistung im Zentrum des Interferenzmusters mit dem Leistungsmessgerät gemessen werden. Das Signal dient dann als direkte Stellgröße für das Nachfahren von einem der beiden Interferometerspiegel mit dem Piezomotor. Diese Art von Stabilisierungssteuerungen werden in der Photonik-Industrie sehr häufig eingesetzt und geben dir einen weiterführenden Einblick in die Mess- und Regeltechnik.

Laser-Hack 20: Ausdehnung elektrisch messen

Abbildung 60: *Michelson-Interferometer inkl. elektrischer Steuerung zur Messung der thermischen Ausdehnung (Quelle: Energie-, Bildungs- und Erlebniszentrum Aurich)*

Dieses Experiment ist eine Alternative zum Laser-Hack 10, der Messung der thermischen Ausdehnung einer Schraube. Alternativ wird in dem gezeigten Aufbau keine Schraube mit einer Kerze erhitzt, sondern eine am Spiegelhalter befestigte Metallplatte mit einer Heizfolie. Der Vorteil dieses Aufbaus ist die elektrisch kontrollierbare Steuerung der Erwärmung der Heizfolie. Die Ringe können so mit unterschiedlichen Geschwindigkeiten gezählt werden und das Experiment weist eine höhere Reproduzierbarkeit auf.

Abbildung 61: *Arduino Steuereinheit zur Steuerung der Temperatur (Quelle: Energie-, Bildungs- und Erlebniszentrum Aurich)*

Laser-Hack 21: Brechungsindex messen

Abbildung 62: *Michelson-Interferometer inkl. Kunststoff-Küvette (Quelle: Universität Osnabrück, FG Ultrakurzzeitphysik)*

Der Brechungsindex ist eine Materialeigenschaft.

Je höher der Brechungsindex eines Materials, desto länger ist der optische Weg. Der optische Weg kann in einem Interferometer entweder über eine Positionsänderung von einem der beiden Spiegel oder über eine Brechungsindexänderung verändert werden.

Weitere Infos z.B. unter Meschede (2015)

In diesem Interferometer wird die Veränderung des Brechungsindexes n in einem der beiden Strahlengänge für eine Änderung des optischen Weges genutzt. Hierfür habe ich eine Kunststoff-Küvette zwischen Strahlteiler und dem unteren Spiegel positioniert. Dabei hast du mehrere Möglichkeiten, den Brechungsindex in der Küvette zu verändern:

1. Wenn du die Küvette erhitzt, sinkt der Brechungsindex der Luft innerhalb der Küvette.
2. Wenn du die Luft aus der Küvette saugst und hiermit den Luftdruck reduzierst, sinkt der Brechungsindex.
3. Wenn du ein Gas in die Küvette einlässt, so ändert sich der Brechungsindex abhängig von der Sorte des Gases.

Das Interferenzmuster passt sich dabei den geänderten Bedingungen an. Du kannst bspw. bei der zweiten Variante beobachten, wie das Interferenzmuster wieder zurückläuft, sobald du den Luftdruck wieder mit der Umgebung ausgleichst.

Laser-Hack 22: Interferometer ohne Breadboard

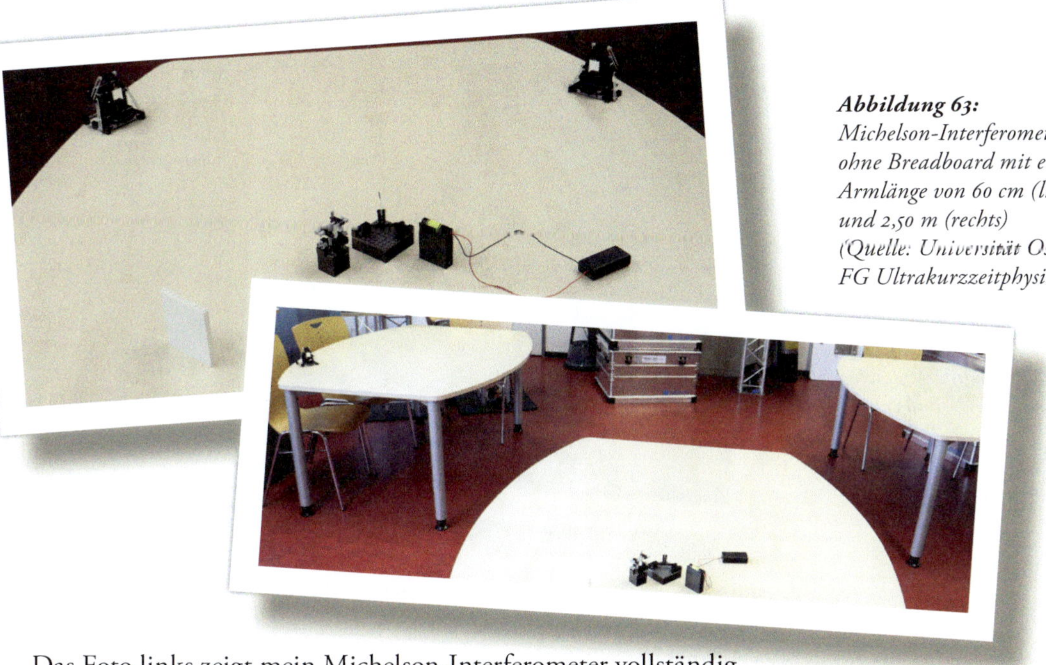

Abbildung 63: *Michelson-Interferometer ohne Breadboard mit einer Armlänge von 60 cm (links) und 2,50 m (rechts) (Quelle: Universität Osnabrück, FG Ultrakurzzeitphysik)*

Das Foto links zeigt mein Michelson-Interferometer vollständig ohne Breadboard direkt auf einen Schreibtisch aufgebaut. Bei diesem Interferometer beträgt die Armlänge (= Abstand zwischen Strahlteilerplatte und Spiegel) ca. 60 cm und ist damit so groß, dass es einfacher ist, auf die konzentrischen Ringe zu verzichten und das bereits erwähnte streifenförmige Interferenzmuster zu erzeugen. Daher benutze ich hierbei nur eine Linse hinter dem Strahlteiler.

Die Größe der Armlängen ist aus Sicht der Justage eine besonders schwierige Aufgabe und du kannst damit prüfen, wie genau du bereits einjustieren kannst. Dabei gilt: Je größer die Armlänge des Interferometers ist, desto schwieriger wird es ein Interferenzmuster einzujustieren.

Im Foto rechts habe ich die Spiegel auf zwei weitere Tische gestellt und somit eine Armlänge von ca. 2,50 m realisiert. Die interferometrische Präzisionsanforderung bleibt dabei unberührt.

Wundere dich nicht, wenn das Interferenzmuster wackelt. Es wird ja kein Breadboard verwendet.

Laser-Hack 23: Interferometer bei 532 nm

Abbildung 64: *Michelson-Interferometer aus LEGO®-Bausteinen mit grüner Laserdiode (Quelle: Daniela Metz, VDI Technologiezentrum GmbH)*

Anstatt einer roten Laserdiode kannst du das Michelson-Interferometer auch mit Lasern anderer Farbe (sichtbares Licht: ca. 380 nm bis 750 nm) betreiben. Im oberen Bild siehst du ein Michelson-Interferometer aus LEGO®-Bausteinen mit einem Laser, der im grünen Spektralbereich (λ = 532 nm) emittiert (aussendet). Der große Vorteil eines »grünen Lasers« ist, dass das menschliche Auge viel sensitiver für das grüne Licht ist; am sensitivsten bei einer Wellenlänge von λ = 555 nm (Tageslicht). Ein weiterer Vorteil ist, dass durch die geringere Wellenlänge eine höhere Messgenauigkeit erzielt werden kann.

Es gibt jedoch einen Nachteil. Durch die kompliziertere Bauweise des Lasers (Festkörperlaser statt Laserdiode) ist der Einkaufspreis deutlich höher.

Laser-Hack 24: Interferometer aus fischertechnik®

Abbildung 65: *Michelson-Interferometer aus fischertechnik®-Bausteinen (Quelle: Universität Osnabrück, FG Ultrakurzzeitphysik)*

Ein Michelson-Interferometer kann nicht nur aus LEGO®-Bausteinen aufgebaut werden, sondern auch aus Steinen anderer Baukasten-Plattformen, wie z.B. fischertechnik®. Wir haben 2016 im Rahmen unserer Projektskizze auch ein Michelson-Interferometer aus fischertechnik®-Bausteinen entwickelt. Zu sehen ist ein Aufbau mit einem Laserhalter, einem Strahlteilerhalter, zwei Spiegelhaltern und zwei Linsenhaltern. Das ganze Experiment ist auf einem Breadboard aus fischertechnik®-Bausteinen aufgebaut.

Literaturhinweise

Hier findest du einen Auszug an Literatur, welche du zum Beispiel in deiner Stadt-Bibliothek finden kannst. Weitere Literatur, wie bspw. Links zu Fach-Webseiten, findest du auf unserer Webseite.

Demtröder, Wolfgang. Experimentalphysik 1: Mechanik und Wärme. 6. Auflage. Springer-Verlag Berlin Heidelberg (2013)

Demtröder, Wolfgang. Experimentalphysik 2: Elektrizität und Optik. 7. Auflage. Springer-Verlag Berlin Heidelberg (2017)

Halliday, David; Resnick, Robert; Walker, Jearl. Halliday Physik. 3. vollständig überarbeitete und erweiterte Auflage. Wiley-VCH Weinheim (2018)

Hecht, Eugene. Optik. 7. Auflage. Walter de Gruyter GmbH Berlin/ Boston (2018).

Meschede, Dieter. Gerthsen Physik. 25. Auflage. Springer-Verlag Berlin Heidelberg (2015)

DGVU. Vorschrift 12. Unfallverhütungsvorschrift Laserstrahlung. (2007): https://publikationen.dguv.de/dguv/pdf/10002/vorschrift12.pdf (abgerufen am 13.12.2018)

Newport Corporation. Technical Note: Compliance and Transmissibility Curves. (2018): https://www.newport.com/n/compliance-and-transmissibility-curves (abgerufen am 13.12.2018)

MYPHOTONICS
Björn Bourdon
MYPHOTONICS
Mirco Imlau
Gerda danken für Alles Rund um unser myphotonics Lab
MYPHOTONICS
Größter Dank an Joachim für einfach alles! Ihm unbedingt das erste Buch schicken!
Stefan Klompmaker
Messeteam für die nächste Maker Faire:
• Juliane
• Christoph
• Rasmus
• Ann-Christin
• Dustin
• Phillip
• Sven
• ...
Neues Interferometer Video für die Homepage an Christian senden

inen großen Blumenstrauß
ür Frauke besorgen, für die
olle Unterstützung auf den
etzten Metern!
Neue Messmethode mit
Roman, Daniel und Sergej
abstimmen
MYPHOTONICS
Keiner kann
DIY-Photometrie
besser als Dirk!
Felix Lager
Volker anrufen:
• Titel?
• Fotos?
• Sprache?
• ...
Anke Schmitter
Design
Anita Tiedtke
Design

www.myphotonics.eu – Das Projekt

Das vorliegende Buch ist im Rahmen des Forschungsprojekts myphotonics entstanden, das an der Universität Osnabrück in der Forschungsgruppe Ultrakurzzeitphysik durchgeführt wurde. Das Forschungsvorhaben wurde durch die Fördermaßnahme »Open Photonik – offene Innovationsprozesse in der Photonik« des Bundesministeriums für Bildung und Forschung gefördert:

Mit dem Begriff »Open Innovation« wird die Öffnung eines Innovationsprozesses für Beteiligte außerhalb einer Organisation, wie beispielsweise Unternehmen oder Instituten, bezeichnet. Kunden und Nutzer können z. B. bei Open Source Produkten nicht nur die Rolle von Konsumenten einnehmen, sondern aktiv an der Weiterentwicklung und der Verbesserung teilhaben. Während der Open Source Gedanke für Software-Produkte (wie etwa das Android-Betriebssystem für Handys, Webbrowser oder auch Wikipedia) fest etabliert ist, gewinnt er aktuell auch in anderen Bereichen an Bedeutung. Ein Beispiel hierfür ist der 3D-Druck. Diese in der Industrie seit Jahrzehnten eingesetzte Technik wurde durch preiswerte Open-Source-Lösungen für einen breiteren Anwenderkreis nutzbar und konnte erst so ihren Siegeszug antreten. Ein anderes Beispiel ist die Arduino-Plattform, die Mikrocontroller durch offene Hardware und eine frei verfügbare Programmieroberfläche leichter und besser nutzbar macht. Selbst Technik-Laien können mit diesem Open Source Ansatz schnell und leicht neue Hightech-Anwendungen realisieren. Mit der Fördermaßnahme »Open Photonik« möchte das Bundesministerium für Bildung und Forschung (BMBF) neue Formen der Zusammenarbeit von Wissenschaft und Wirtschaft mit Bürgern ermöglichen und damit zusätzliche Innovationspfade und -potenziale für die Photonik erschließen. Mögliche Zielrichtungen der Projekte sind dabei Open Innovation Ansätze mit der Absicht, die Nutzung photonischer Komponenten oder Systeme zu verbessern, Open Source Ansätze, die zu einer breiteren Nutzung dieser Komponenten oder Systeme führen und Ansätze, die eine stärkere direkte Bürgerbeteiligung an wissenschaftlichen Projekten ermöglichen.

GEFÖRDERT VOM

iteratur
lektronik.

ELLEN

EN!